「役割」に徹すれば
マネジメントは
うまくいく

本物の「上司力」

前川孝雄

（株）FeelWorks 代表取締役・青山学院大学兼任講師

大和出版

True "boss" ability

はじめに

必ず拓ける道はある

よくぞ、この本にたどり着いていただきました。

あなたはきっと管理職としての職責を果たそうと日々マネジメントに向き合っている真摯な方だと思います。

そして、次のような葛藤を抱えたり、模索を続けているのではないでしょうか。

「あまりもの業務量に余裕がなく、成果を早く出させなければと焦る一方で、部下たちを管理していけるか自信の持てない日々が続いている」

「コロナ禍以降、リモートワークが導入されたのはいいが、在宅の部下たちの仕事ぶりもよくわからないし、どうコミュニケーションをとればいいのか頭が痛い」

「任せた仕事を簡単に『できません』と言う部下が許せない。つい『何でできないの』と声を荒げてしまう。パワハラと思われるかもしれないが、上から求められる業績を考えたら仕方ないのではないだろうか」

いかがでしょうか。ズバリあてはまらないにしても、上司として、受け持つ部下やチームの状況に課題を感じていたり、なんとか好転させたいと考えているからこそ、この本を手に取ってくださったのですよね。

大丈夫です。
この本のタイトルでもある、「本物の『上司力』」が身につくことで、あなたは必ずや活路を切り拓くことができるでしょう。

本物の「上司力」とは一体、どのような力なのか――。
これはひと言でいうと、
「部下一人ひとりの持ち味を見出し、それを活かせる仕事を任せ、働きがいを感じながら自律的に働けるよう支援し、共通の目的に向かう組織の力につなげ高めて、個人では達成できない結果を導き出す」力です。

そんなことはキレイごとに過ぎないと思われる方もいることでしょう。

もしくは、これまでも研修やセミナーを受講したり、本を読む中で頭ではわかっているけれども、実際には難しいと感じる方もいるはずです。

しかし、断言します。これは現実にできることなのです。

実際に、あなたと同じように葛藤や課題を感じていた上司の方々が、私たちと関わることで手応えを摑み感動する姿も数えきれないほど見てきましたから。

遅ればせながら、自己紹介をしたいと思います。

私は2006年に『上司力トレーニング』（ダイヤモンド社）を出版して以来、ずっと本物の「上司力」とは何か探究し続けています。私自身の上司としての挫折を乗り越えた醍醐味と、数々のキャリア支援メディア編集長経験を通じて得た多様な働く人たちの本音をもとに、脱サラ起業して人材育成支援の株式会社FeelWorksを

2008年に設立。ビジョン「日本の上司を元気にする」を掲げ、全社あげて400社以上で独自開発した「上司力研修」「上司力鍛錬ゼミ」を開講し、管理職や経営者が、本物の「上司力」を持てるよう支援に打ち込んできました。

ここで、研修やゼミに参加してきた彼らの声の一部をご紹介すると——。

「自律的に組織が動く方向がわかった。何より社員の笑顔が増え、生産効率も30%向上した」

「ベテラン部下との面談で互いの思いが通じ合い、二人して男泣きしてしまった。抵抗勢力だった彼は今や心強い右腕だ」

「上意下達は間違っていたことがわかった。女性部下の意見を尊重し活かした結果、右肩下がりだった業績が一転向上した」

「『僕はついていきます』停滞していた会議での若手部下の言葉にグッときた。人と組織をあきらめなかったことが報われたことを実感している」

「『上司の言葉がうれしい』そう言われることが増えてきた。研修で学んだ部下にかける言葉がけが形にあらわれてきた」

等々、これまで思うようにいかなかった部下と信頼関係が生まれ、物足りなかった部下の仕事ぶりが主体的に変わり、それと共に業績も向上するだけではなく、互いに協力しあえる「働きがいあふれるチーム」になっている――。

私たちが支援した管理職や経営者からは、こうした手応えや、何より上司の本懐を得られた喜びの声を数えきれないほど聞いてきました。

また、部下を育て活かすことに優れた上司の評判を聞けば、その企業・団体を訪問し直接インタビューも続けています。理論は大切ですが、それ以上に現場での実践やリアリティを重視しています。

私自身、前職で初めて管理職となったのは1990年代の終わりですから、起業し経営者になって以降含めて、早いもので四半世紀近く「上司力」実践の試行錯誤も続けています。本書では、そんな私がたどりついた境地や考え方についてあますところなくお伝えしていきます。

具体的な「本物の『上司力』」については、この後の本文でお話ししていきますが、最初にキーワードを1つだけお伝えしましょう。

それは、上司は「役割」だということ――。

そんなの当たり前じゃないかと思う方も、本文を読み進める中で、自分のマネジメントを振り返りながら、この本当の意味がわかってくるはずです。

そして、部下への接し方までもがガラリと変わってくるに違いありません。

読み進める中では、少し耳の痛い話も出てくるかもしれませんが、少しだけ堪えて、私の話にお付き合いいただければ幸いです。

読み終えたあなたは、きっと、靄が晴れたようなすっきりした気持ちになり、自分は明日から何をなすべきかクリアになっているはずです。

さらにこれからお伝えすることに取り組み続けることで、部下だけではなくあなた自身も次のステージへと進んでいくに違いありません。

さぁ、準備はいいですか。

それでは、早速スタートしましょう。

株式会社ＦｅｅｌＷｏｒｋｓ代表取締役／青山学院大学兼任講師

前川　孝雄

目次　本物の「上司力」

第1章

すべてはこれを理解することから始まる

「本物の『上司力』」の基本

第2章

「本物の『上司力』」ステップ①
相互理解を深めて絶対的な信頼関係をつくる

第3章

「本物の『上司力』」ステップ②

目的を伝えて動機形成する「仕事の任せ方」

第4章 「本物の『上司力』」ステップ③ それぞれが協働意識を持って働ける環境をつくる

第5章

「本物の『上司力』」ステップ④

自律的かつ切磋琢磨し改善・改革が進む組織にする

第6章

「本物の『上司力』」ステップ⑤

振り返りと評価の納得で次なる成長につなげる

おわりに　本物の上司力を発揮して、働きがいをつかもう
部下を育て組織を活かすストーリーを意識しよう
研修はあくまで作戦会議。本番は現場で
上司部下の関係は一時期でも、影響は生涯続く
悩みを乗り越えた分だけ、本物の上司になれる

構成
千葉はるか（株式会社パンクロ）
本文レイアウト
大場君人
本文ＤＴＰ
美創

序　章

今こそ、上司の「本当の真価」が問われている

激変する状況だから目を向けるべきものがある

「部下の仕事ぶりがわからない」という悲鳴

本物の「上司力」とは一体、どのような力なのか──。

まずは「上司力」を理解するための前提となる「日本企業を取り巻く状況」からお話ししていくことにしましょう。

2020年、世界を新型コロナウイルス感染症が襲いました。

私が営む会社は、日本を代表する大手企業を中心にさまざまな業界のクライアントの人材育成・組織開発を支援していますが、中にはコロナ禍により一時的に事業活動がほぼストップした企業もありました。

本書執筆時点では、新型コロナウイルス感染拡大が終息する目処は立っていません。日本企業が、世界大恐慌以来の厳しい局面に立たされていることは間違いないのではないかと思います。ＩＴ、医療系など危機対応による需要が拡大している業種もある一方、日本経済を担う中核企業はその多くがダメージを受けています。

現場に目を向ければ、新型コロナウイルス感染拡大防止の観点から、多くの企業でリモートワークの導入が半ば強制的に進みました。

もちろんリモートワークでは不可能な仕事も数多くありますが、それができないまでも、同じ職場に出社してフルタイムで朝から晩まで顔を突き合わせて働くことはできるだけ避けるという流れは続くでしょう。今、企業側には新しい働き方を考えることが求められているのです。

これまでの日常の中では、上司と部下が同じ時間に会社にいることや営業同行などで行動を共にすることが当たり前でした。隣で仕事をしていれば、上司が部下の様子を知ることはさほど難しくなかったといえます。

しかし、コロナ禍により状況は一変しました。

リモートワークでは、上司は部下が何をやっているのか、その様子を直接うかがうことができません。

「リモートワークが始まる前と比べて、部下の仕事ぶりがわかりづらい」

「部下をどうマネジメントしていいのかわからない」

上司たちからは、そんな声が挙がり始めています。

Ｕｎｉｐｏｓ社が２０２０年4月に実施した「テレワーク長期化に伴う組織課題」に関するアンケート（全国のテレワークを実施している上場企業に勤務する管理職３３３名、20~59歳男女５５３名が回答）によれば、「テレワーク前より、部下の仕事ぶりがわかりづらい」と回答した管理職は56・１%で、一般社員も48・４%が「上司や同僚の様子がわかりづらい」と回答しています（**図１**）。

図1

緊急事態宣言の延長検討に伴う
上場企業800名調査報告

テレワークで社員の44%が
「チームの生産性が低下」
管理職の半数以上が
「部下の仕事ぶりがわかりづらい」

Q テレワーク開始前と比較して、部下の仕事ぶりについてどう感じますか（管理職対象n=333）

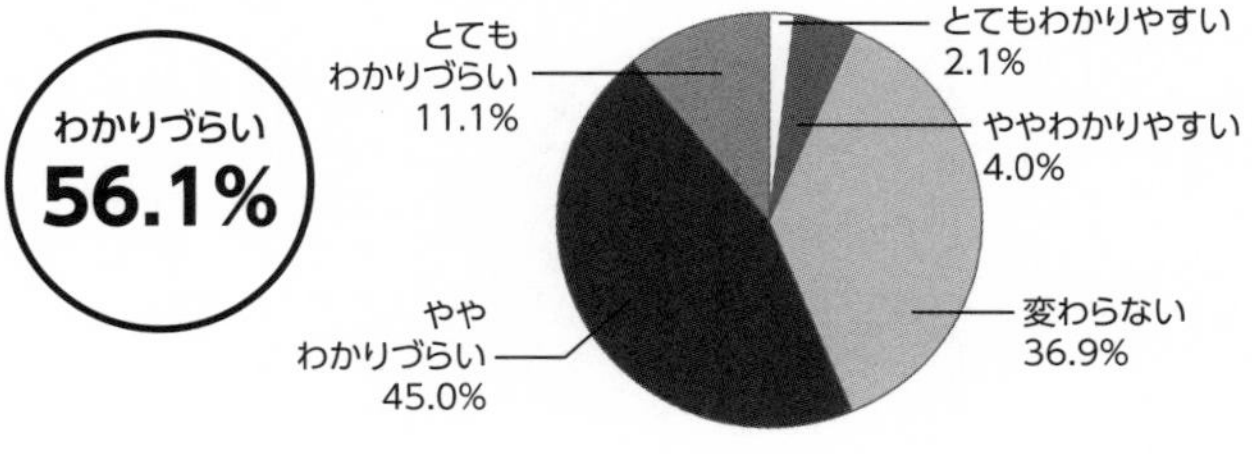

Q テレワーク開始前と比較して、上司や同僚の様子について
どう感じますか（一般社員対象n=553）

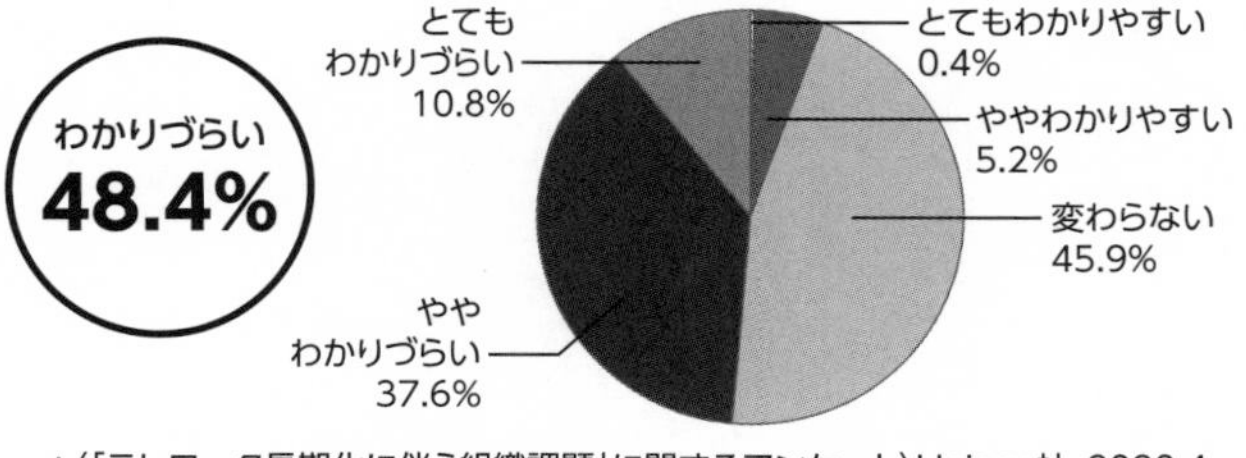

＊（「テレワーク長期化に伴う組織課題」に関するアンケート）Unipos社、2020.4.

部下を「監視」するシステムの意味

このような状況のもと、企業はどのような動きを見せているのでしょうか？

昨今はＨＲテクノロジー（人事業務に関する先進技術）が進化しており、リモートワークであっても部下の様子をチェックすることが可能になっています。

たとえば近年はシンクライアントと言われる端末を使い、会社のサーバーにアクセスして仕事をするスタイルが広がっていますが、このようなシステムを導入していればアクセスログから部下がいつどのような作業をしたのか確認できます。さらに、導入しているシステム次第では、部下が使っている端末のカメラからつねに仕事ぶりを観察することもできるのです。

また、カメラに映る社員の表情をＡＩで分析してやる気があるかどうかを判別したり、社員間のコミュニケーションをデータベース化して誰と誰のコミュニケーションが活発なのか、よりコミュニケーションを促すべき人は誰かといったことを分析したりするようなテクノロジーも次々に登場しています。

このような技術は、働き方改革が叫ばれてリモートワークの必要性も訴えられる中、コロナ禍より前から開発が活発化していました。そして半ば強制的にリモートワークへの移行が進むようになった今、社員の仕事ぶりをいかに管理すべきか頭を悩ませる企業がこういったシステムを導入する潮流が生まれているのです。

私は、HRテクノロジーの発展に期待していますし、有効なものはどんどん採用してよいと考えています。しかし昨今の「部下を管理する」という観点で開発されたHRテクノロジーは、その意味をよく考える必要があるとも感じています。

部下の立場になって考えれば、会社が支給する端末で仕事をしている間、常にカメラで監視されていて作業画面を上司や会社がチェックできる状態というのは、あまり気持ちのよいものではないでしょう。リモートワークで自分の家で仕事をするとなればなおのこと、プライベートな空間にいるにもかかわらず会社から監視され続けることは、苦痛に感じるのではないでしょうか。

「社員の労務管理は会社の責任であり、長時間労働や深夜残業をさせないために監視は必要」という意見もあります。労務管理の観点から、深夜は会社支給の端末が使用できないように設定されている会社もあるでしょう。しかし在宅で仕事をする社員の中には、子育てや介護などとの両立中といった事情により、時間内にその日の業務を終えられない人もいるわけです。「結局、私用のスマホで無理やり仕事をせざるを得ず、働きにくさを感じた」といったケースも耳にします。

2020年7月16日付日本経済新聞夕刊「私のリーダー論」枠で、ほぼ日を経営する糸井重里さんのインタビューが掲載されていました。糸井さんはリモートワーク下における働き方について社員のみなさんにこう語ったそうです。

「もし1日8時間働いているかをチェックするような会社になってしまったら、リモートワークする意味がない。隙があることも含めてワークだ、と僕は思っているから、君たちは仕事しているフリをしなくていいよ。そんなことをするくらいだったら、しっかり体を休めて、血色よくなってください」

まったく同感です。リモートワーク中の社員を管理でがんじがらめにし、効率性を失わせてしまうのは、本末転倒ではないでしょうか。

戦後高度成長期〜平成に確立した「日本の管理職」

時間管理を前提とする不毛

日本の労働法制は時間管理をベースとしています。これは、戦後高度成長期に工場でのブルーカラーワーカーの働き方を前提として法整備が進められてきたからです。工場の仕事は、均質なオペレーションの仕組みさえできればトレーニングされた人の間で生産性に大きな差が生まれにくく、時間による管理は有効だったと言えます。

しかし現在の日本の産業構造を見ると、およそ7割をサービス業が占めています。サービス業では、労働時間と仕事の成果は必ずしも一致しません。長時間働いても、お客さまの利用がなければ売上が立たないこともあるからです。

もちろんサービス業に限らず、労働時間とパフォーマンスが連動しない仕事はたくさんあります。たとえば製造業においても、生産計画を立てたり製造工程全体を管理したりするホワイトカラー業務が増えており、労働時間だけでパフォーマンスが計れるはずがありません。

日本の労働法制がベースとする時間管理の考え方はすでに古びており、日本企業の実情に合わなくなっています。しかし企業は法律を守らなければなりません。働き方改革でも、時間管理を前提として「いかに残業させないか」「どうやって休日出勤を減らすか」といった議論になりがちです。企業は社員が何時から何時まで仕事をしているかを管理せざるを得ず、上司は部下を監視する必要性に迫られているわけです。

これは非常に不毛な状態だと私は思います。

日本型雇用は果たして機能しなくなっているのか

もう一つ理解しておきたいのが、「メンバーシップ型」と呼ばれる日本型雇用が機能しづらくなっていることです。

人材マネジメントの世界では、雇用のあり方を欧米流の「ジョブ型雇用」と日本流の「メンバーシップ型雇用」に分けて論じられています。

ジョブ型とは、企業が仕事に見合った能力を持つ人を採用し、職務内容を事細かに定めて、仕事に応じた賃金を支払う方法です。

入社する時点でどのような仕事をするのかが明確に示されており、その仕事がなくなれば雇用契約を終了することもめずらしくありません。

一方のメンバーシップ型は、企業が長期にわたって雇用を保障し、人事異動やOJTを通じて人材を育て、能力の向上に応じて賃金が高まる仕組みです。

入社時にどのような仕事をするかは決まっておらず、求められるのは会社の「メンバー」になることへのコミットメントです。ジョブ型が本来の意味での「就職（職に就く）」なら、メンバーシップ型は「就社（会社に就く）」雇用のあり方だと言ってもいいかもしれません。

ジョブ型とメンバーシップ型は、給料の決まり方にも大きな違いがあります。ジョブ型の場合、業務に応じた対価は都度もらえます。「給与の即時払い方式」といえます。一方、メンバーシップ型は新卒の段階では給料が低く抑えられており、勤続年数とほぼ比例して職能等級が上がることで給料が徐々に上昇していく仕組みです。給与体系は退職金まで受け取ることを念頭に組み上がっているので、「給与の後払い方式」をとっているとも言えます。

メンバーシップ型には、ジョブローテーションなどを経ながらしっかりトレーニングしてもらえるというメリットもあります。しかし新卒で入社した会社で定年まで働く終身雇用が当たり前ではなくなった今、メンバーになることへのコミットメントを求め、給与を後払いするやり方がうまく機能しづらくなっているのは当然と言えるでしょう。

またジョブ型の場合、企業は社員と「どのような職務についてどんなパフォーマンスを上げるか」を取り決め、それを達成するプロセスは社員に任せます。少々乱暴な言い方をすれば、「やるべきことさえやっていればいい」わけです。

一方、メンバーシップ型の場合、どのような業務をするのか、どの程度のパフォーマンスを上げればよいのかは曖昧にされることがほとんどです。これは、上司が部下を何で評価すべきかが明確でないということでもあります。その結果、上司は部下のそばで仕事をする様子を見て、「頑張る姿勢」や「無理をしてでも仕事をやり遂げようとする態度」があるかどうかを見るしかなかったのです。

なおリモートワークが普及する中、メンバーシップ型からジョブ型にシフトすべき、という意見が大勢になりつつありますが、私は部分的に賛成という立場です。欧米のように転職市場が整備されていない日本でジョブ型にシフトすると、即戦力ではない若者の失業者が溢れると考えるからです。社会不安の増大も招きかねません。メンバーシップ型の日本企業の強みは長期視野での人材育成です。この強みを活かし、一人前まで育ったあとはジョブ型にシフトするハイブリッド型こそ日本型企業が目指す方向だと考えます。

まじめで優秀な「現代日本の管理職」

話を戻しましょう。このような日本社会固有の背景の中、今、管理職に就いている40～50代の方々は、日本経済の停滞の中で平成の30年間を過ごしてきました。私たちは10年以上にわたって、多くの企業の管理職の方たちのトレーニングをしてきましたが、現代の管理職層は非常にまじめで優秀な方が多いという印象を持っています。

50代のいわゆる「バブル世代」は層が厚いため、部下を持つ管理職になれるのはごく一部の優秀な方々です。一方の40代はというと、上の世代の採用数が多かったことからポストは限定されており、やはり一定の評価を受けなければ管理職にはなれません。

いずれにしても、プレイヤーとして成果を上げ、会社から高い評価を受けた人が今の管理職の方々だということです。そしてこのような方々は、職責意識が非常に高く、「会社から求められる業務はやり遂げなければならない」という責任感が強い傾向があります。

しかし、日本企業を取り巻く環境は激変しています。

終身雇用が崩れた今、部下である若年層の社員は会社へのコミットメントが弱くなっています。「上司から命令されれば部下は素直に従うのが当然」という考えは、もはや過去のものです。長期的な雇用が保証されない中、「我慢していればいつかはそれなりの処遇を受けられる」という期待を持てないのですから、それも当然でしょう。

一方、今の管理職は8〜9割がいわゆる「プレイングマネジャー」です。プレイヤーとして自分の業務で忙しい中、価値観の大きく異なる部下と向き合い自分自身が戸惑うことも多いでしょう。

そこに襲ったコロナ禍により、上司たちは慣れないリモートワークを強いられて、部下の様子が見えない中で部下の管理をするよう求められることになりました。

つまり、労働法制のもとで部下の時間を管理しながら、ジョブ型も取り入れて「仕事の成果」を管理する必要性に迫られているわけです。自分たちが若手だった頃に見聞きし経験してきた「日本の管理職」のマネジメント手法では、とても対応できないことは明白です。

ハーバード・ビジネス・スクールのクレイトン・クリステンセン教授は、著書『イノベーションのジレンマ　技術革新が巨大企業を滅ぼすとき』(翔泳社)で大企業が新興企業に遅れをとる理由について分析しています。その中核となるメッセージは、大企業は自らが優れた製品を持つがゆえにその改良にとらわれて持続的イノベーションに終始し、新興企業がもたらす破壊的なイノベーションの価値を見逃してしまうものだということです。

私は、今の日本企業社会では「マネジメントのジレンマ」が起きていると感じています。自分の中に過去の成功体験があり「マネジメントの常識」が根付いている人は、時代や環境が変化してもその「常識」の延長線上で戦おうとしがちであり、それがうまく機能しないことに気づきにくいのです。

優秀な人ほど陥りやすい「クイック・ウィン・パラドックス」

若い頃から高い実績を上げてきた優秀な人がマネジャーになると、自分が優秀であるがゆえにマネジメントに悩むという現象も起きがちです。

経営学者のリンダ・ヒルは、『昇進者の心得　新任マネジャーの将来を左右する重要課題』（ダイヤモンド社）において、成果を上げられない管理職が陥る5つの落とし穴として、

①隘路に入り込む
②批判を否定的に受け止める
③威圧的である
④拙速に結論を出す

⑤マイクロ・マネジメントに走る

という傾向を指摘しています。

優秀なプレイヤーであった人は、職責意識が高く、役割を全うしようとするがために がんじがらめになって隘路に入り込んでいきます。自分のやり方に自信があるので、異なる意見にはネガティブな反応を示しがちです。

そして部下が自分の思い通りに動かないことに悩み、「私が上司なんだから言うことを聞け」と強権的になったり、部下に先回りして「ああしろ」「こうしろ」と指示をしたりし、重箱の隅をつつくように部下のすべてを管理しようとすることもあります。

上司自身が実績を上げてきた方法に基づいて指示をしているわけですから、その内容が見当はずれということはないかもしれません。しかしこのようなアプローチでは、部下が「上司にすべてを管理されている」「仕事をやらされている」という感覚を強く持つようになります。

ここで押さえておきたいのは、「人は管理されるとやる気を失う」ということです。

個人のモチベーションについて研究している同志社大学の太田肇教授は、「管理すること」と「モチベーションを上げること」は相性が悪いと指摘しています。

人間は自分の意見や持ち味、個性などを認められ、それを発揮し、仕事を任せてもらうことでモチベーションが高まります。上司が「管理しよう」という圧力をかけることはこれに逆行し、部下のモチベーションを大きく下げてしまうのです。もちろん、やる気をなくした部下を抱えていては、チームが成果を上げられるはずはありません。

優秀なプレイヤーであった人がマネジャーになり、早く成果を上げたいと考えて頑張ると、先に見た「5つの落とし穴」にはまることが少なくありません。すると、頑張れば頑張るほど成果が上がらなくなってしまいます。この「早く成果を上げたいと頑張ると成果が上がらなくなる」という逆説は、「クイック・ウィン・パラドックス」と呼ばれます。

頑張れば頑張るほど、成果は上がらない——。

ここまでお読みになって、このような思いを抱き困っている上司の方も少なからずいるはずです。

そこで、次章ではこういった状況に突破口を見出す考え方について、お話しいたします。

第1章

すべてはこれを理解することから始まる

「本物の『上司力』」の基本

「任せる」意味をどう捉えているか

序章の最後に「クイック・ウィン・パラドックス」についてお話ししましたが、マネジメントを担うみなさんは、「クイック・ウィン・パラドックス」から抜け出し、令和のウィズ&ポストコロナ時代に即した上司になることが求められます。

優秀な人ほど部下にあれこれ指示をし、自分の思い通りに仕事を進めようとしてしまうものですが、現場で仕事をする当事者は部下本人であり、上司はその部下たちを支援するのが本来の仕事です。自分のやり方を押し付けたり、指示や命令で動かそうとしたり、部下の一挙手一投足を管理しようとしたりするのをやめ、「いかに部下を信じて、任せるか」が問われます。

当たり前ですが、部下は上司であるみなさんとは違う人間です、成果の出し方のプロセスも違えば、任せた仕事に想定以上に時間がかかったり、上司が想像もしないような動きをし始めたりもします。そのような「違い」を認めて、部下一人ひとりの意見に耳を傾け、部下たちの持ち味を活かし、仕事を任せてチームで成果を上げていかなければなりません。

私が営む会社が開講する研修やセミナーで「部下の違いを認める」「一人ひとりの持ち味を活かす」「信じて任せる」ということをお話しすると、中には「部下が自分勝手なことをするのを許していいのか」「そんなに甘やかしては良くないのではないか」と言う方もいます。

しかし、「信じて任せる」というのは、部下にとっては決して甘い話ではありません。

仕事を任された部下は、任された領域については責任を負うことが求められます。「自分の持ち味を認められ、信じて任せてもらう」というのは「自分が責任を負う」ということと同義なのです。上司側には、余計な手出しをしない厳しさが求められるということもできます。

試合でボール持っているのは、あくまでも部下自身です。そのボールをどう運ぶかも、部下次第です。上司の仕事は部下が才能を開花できるフィールドをつくり、チームがばらばらにならないよう束ね、ボールを持った部下を応援することです。

このように上司が意識を改めて行動を変えていけば、部下はいきいきと活躍し始め、自律的にチームが動くようになります。すると、自然にチームのパフォーマンスも上がっていくのです。

こうして、一人では決して達成できないような大きなパフォーマンスをチームとして上げることが、上司の役割なのです。

上司は「役割」とはどういうことか

とはいうものの、「管理職」という言葉に象徴されるように、上司は「人の上に立って下の者を管理する」というイメージで捉えられがちです。

みなさんの中にも、「上司たるもの、人の上に立つ以上は……」と肩に力が入っている人がいるかもしれません。あるいは、上司というのは「偉い」立場であると誤解している人もいるのではないでしょうか。

しかし、「信じて任せる」マネジメントをしていくうえでは、上司というのはあくまで「役割」であると割り切り、「上司は人間的に偉いわけではないし、立派な人物でなければ務まらないわけでもない」ということを認識する必要があります。

みなさんの中には、ＰＴＡの会長やマンション管理組合の理事長などの立場になったことがあるという方も多いのではないかと思います。

ＰＴＡやマンション管理組合では、メンバーの立場は対等です。それに、会長や理事長だからといって、「偉い」とか「立派な人だ」というわけではありません。

頑張っていれば敬意を払ってくれる人もいるかもしれませんが、少なくとも「私はＰＴＡ会長なのだから言うことを聞け」「マンション管理組合の理事長なのだから、私の指示に黙ってしたがってください」などということがまかり通るわけがありません。

また、ＰＴＡやマンション管理組合は、多様な人が集まります。ＰＴＡなら、共働きの保護者もいれば専業の主婦・主夫もいるでしょう。仕事を持っている人たちの間でも、職業や働き方には大きな違いがあります。マンション管理組合ともなれば高齢者から若者まで年齢層も幅広くなることがめずらしくないでしょう。

指示・命令では人を動かせず、相手の価値観も多様という状況ですから、ＰＴＡやマンション管理組合をまとめあげてやるべきことを進めていくには、メンバー一人ひとりと対話し、相手の考えを聞き、それぞれの持ち味に応じた業務を任せていくしかありません。

私は、現代の職場における「上司」の役割は、こうした「PTAの会長」や「マンション管理組合の理事長」と同じだと考えています。

先にもご説明したように、日本企業を取り巻く環境は戦後高度成長期～平成の間に大きく変化しました。

若手社員も雇用延長で働く嘱託のシニア社員も「終身雇用・年功序列」とは別の制度、異なる価値観の中で働いています。

ワーク・ライフ・バランスという言葉が一般化し、仕事とプライベートのバランスを考える人が増え、子育てや介護と両立しながら働くこと、会社がそのための環境を整えることも当たり前になりました。

非正規社員の増加により、職場のメンバーの雇用形態はさまざまです。

副業解禁の流れの中、ネットを通じて仕事を請け負うこともめずらしくなくなっていますので、別の仕事を持っているという人もこれから増えていくでしょう。

かつての日本企業が「男性、正社員、妻は専業主婦、会社業務を最優先するのが当然」というメンバーで埋め尽くされていたのと比較すると、その違いは歴然としています。

それぞれバックボーンが異なり、価値観もさまざまな人が同じ職場で働くようになった今、「指示・命令・管理」だけではチームをまとめあげることはできません。

上司としてチームをまとめあげ、成果を上げていくには、メンバーである部下一人ひとりと対話し、相手の持ち味を活かし、信じて任せるしかないのです。

つまり、上司は「役割」に徹し、部下の業務を「管理」するだけではなく、活躍や成長に向けた「伴走者・支援者」となり、寄り添い進んでいくことが必要となるわけです。

上司は「役割」であるという考え方に立てば、雇用延長が進む中で近年の上司たちの共通の悩みである「年上部下との関係」も、実はさほど悩むようなことではないと気づきます。

「お世話になった先輩が部下になって、やりにくい」と感じるのは、相手に指示・命令をして管理しなければならないと考えているからでしょう。

繰り返しになりますが、上司というのは人間的に偉いわけではなく、あくまで「役割」です。「部下になった先輩」との関係性は対等であり、お互いに役割分担していけばいいと思えば、仕事はしやすくなるでしょう。

それぞれが役割として「上司」「部下」であるだけで人間関係は対等だと考えれば、お世話になった先輩なのですから、困ったことや悩みがあれば相談してみようかと思えるでしょう。相談された「年上部下になった先輩」も、そのように向き合ってもらえばうれしいはずですし、関係性がよくなればチームの一員としてパフォーマンスに貢献してくれるようになるでしょう。

この瞬間、あなたも部下も働きがいを感じているか

「働きやすさ」より大事なこと

本書では上司が「役割」に徹し、「管理する」から「伴走者・支援者になる」ためのステップを紹介していきます。しかし具体的なステップに入る前に、読者のみなさんにいくつか考えておいていただきたいことがあります。

最初に考えていただきたいのは、「働きがいあふれる」チームをつくることの重要性です。

私が営む会社が、さまざまな企業や団体で研修やセミナーを行うとき、よく受講者

の方々に「みなさんは働きがいを感じていますか？」と尋ねます。そこでポジティブな反応が返ってくることは、残念ながら少ないのが現状です。

図2をご覧ください。２０１６年の「世界仕事満足度調査」（インディード）のデータによれば、仕事の満足度に関して「幸せ」と答えた人と「幸せではない」と答えた人が多い国をそれぞれランキングすると、「幸せ」と答えている人が多い国としてコロンビア、メキシコ、ロシア、アイルランド、ブラジルが上位に入っている一方、「幸せではない」と答えている人が多い国のトップは、なんと日本なのです。

日本では仕事に対する満足感が少なく、幸せではないと感じている人が多いのはどうしてでしょうか？

図2

世界仕事満足度調査

仕事の満足度に関して「幸せ」と答えた人が多い国	仕事の満足度に関して「幸せではない」と答えた人が多い国
1 コロンビア	**1 日本**
2 メキシコ	2 ドイツ
3 ロシア	3 南アフリカ
4 アイルランド	4 フランス
5 ブラジル	5 ポーランド
6 ノルウェー	6 マレーシア
7 チリ	7 オーストリア
8 ニュージーランド	8 シンガポール
9 スペイン	9 インド
10 ベネズエラ	10 中国

*The Indeed Job Happiness Index 2016: Workplace Happiness Worldwide

私は、働く人たちが多様化する中で、日本企業の多くが「働きやすさ」にばかり注目し、「働きがい」を重視してこなかったことが最も大きな理由だと考えています。働き方改革の法整備に対応せざるを得なかったことも大きいからでしょう。

また多くの人が、私生活の充実を優先し、仕事は苦役と捉えているからかもしれません。

図3は、臨床心理学者フレデリック・ハーズバーグが職務に対する満足や不満足を引き起こす要因について提唱する「二要因理論」を応用して図示したものです。

人間は、働く環境や労働条件、職場の人間関係、給料などのいわゆる「環境要因」が改善されると、不満が減っていきます。具体例をあげると、リモートワーク環境を整えたり、福利厚生を充実させたり、同一労働同一賃金で賃上げを徹底したりすることがこれにあたります。

しかし気をつけなければならないのは、このような「働きやすさ」を高める取り組みは、不満を減らすことはできても、その延長線上に必ずしも「満足」があるわけではないということです。

図3

「働きやすさ」の整備から「働きがい」の創出へ

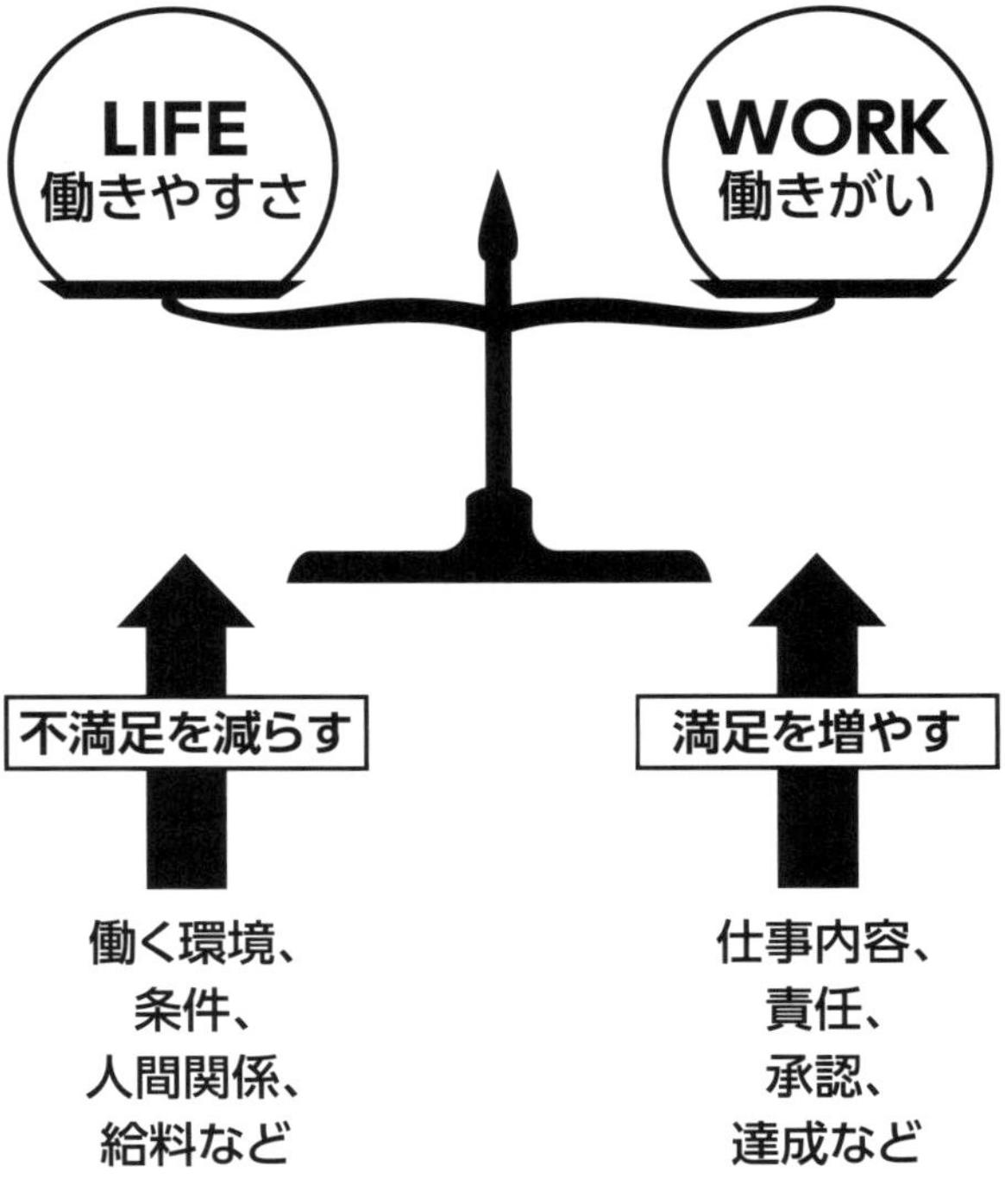

cf）フレデリック・ハーズバーグ　二要因理論（動機づけ理論・衛生理論）

人間は新たな権利を得ると最初はうれしく感じますが、それが続いて既得権益となれば、いつの間にか「当たり前のもの」と感じるようになっていきます。

たとえば、都心で満員電車に乗って通勤してきた人たちにとって、リモートワークにより通勤地獄から解放されることは当初「うれしいこと」「ありがたいこと」だったでしょう。しかしリモートワークが長く続けば、通勤しないことは「当たり前」になります。会社がリモートワークをやめて通常通り通勤するように求めれば、反発が生じて以前よりもモチベーションが下がる可能性もあります。

給料の引き上げも社員にとってはうれしいことに間違いありませんが、一度上がれば満足するわけではありません。いずれは「もっと上げてほしい」という欲求が生まれるでしょう。

働きやすさへの配慮は、人材育成上の問題を生じさせることもあります。

たとえば若手社員を育てる場合、経験が浅いわけですから、仕事を任せれば時間がかかってしまうのはごく当たり前のことです。上司としては、じっくり取り組んで学びを得てほしいと思うものでしょう。

しかし、いざ若手が「頑張って一人でやり遂げたいので、残業してもいいですか？」と尋ねてきたとき、「残業や休日出勤の削減」を課せられている上司はどうこたえるでしょうか？　「残業してまでやるのもしんどいだろうから、私がやっておくよ」といって仕事を部下から引き取ってしまっていないでしょうか。

子育て中の部下がいるケースでも、問題が生じやすいといえます。

私が営む会社は、企業・団体で女性活躍を推進するコンサルティングも長年にわたって行っていますが、そこで感じるのは、「子育てと仕事の両立は大変だから、負荷を下げてあげましょう」というやり方が必ずしも社員を幸せにしていないということです。

もちろん、多様な人たちが働くようになってきた中、社員の希望に応じて時短勤務を選択できることなど、子育てと仕事を両立するための制度は必要です。上司として、子育て中の部下に配慮することも大切です。しかし、ずっと第一線で働いてきた部下に「子育て中で大変だろうから」という理由で入社間もない若手社員と同じような負荷の軽い仕事をさせることは、社員に「自分は期待されていないのだ」と感じさせ、モチベーションを下げることも多いのです。

私は、「働き方改革」などの号令のもと、「働きやすさ」を目的に置くことは社員のモチベーションを削ぐおそれがあると危惧しています。国が働き方改革関連法案を通じて働きやすい環境づくりを企業に強要していることにも違和感があります。

働く人の満足感を高めるために重要なのは、ハーズバーグがいう「動機づけ要因」です。仕事内容そのものや、責任を与えられて仕事を任されることや、自分の持ち味を認められ承認されることや、仕事で結果を出して達成感を得ることによって、人は満足感を得ます。それによって「働きがい」を感じることこそ、重視されるべきことではないでしょうか。

働く女性向けＷＥＢサイトでキャリア関連のテーマの連載を執筆していたときのことです。世の中にワーク・ライフ・バランスという言葉が浸透したことで、読者である30代女性からは「長時間労働はいや」「転勤もいや」「プライベートを大事にしたい」という声が多く届いていました。

また、青山学院大学では10年以上正規課程でキャリアデザインの教鞭をとっていますが、女子学生はワーク・ライフ・バランスを気にして「ホワイト企業がいい」「産休・育休をしっかり取れて子育てと仕事を両立できる会社がいい」という意見を多く持っています。

しかし私が「それは、自分のキャリアにとって何よりも大事なことだと思いますか?」と尋ねると、将来をまじめに考えている人ほどハッとするのです。

「働きやすさ」だけで人が満足することはありません。近年、日本国内で大きな自然災害が頻発する中、私はワーク・ライフ・バランスを重視する女性たちが週末の貴重な時間を使ってボランティアをするケースも数多く見てきました。交通費などのコストはもちろん自腹です。これは見方を変えれば、日常的な仕事では得られない「働きがい」を週末にお金を払って買っているということではないでしょうか。

また、近年は学生が就職を希望する会社の傾向に変化が現れています。かつては銀行や商社など安定した大企業を志向する学生ばかりでしたが、今は社会問題の解決に挑むことを標榜するソーシャル・ベンチャーで働きたいという学生も少なくないのです。彼ら彼女らがソーシャル・ベンチャーに求めているのは、間違いなく「働きやすさ」ではなく「働きがい」でしょう。

これは実は、世界的な潮流です。国連が掲げるＳＤＧｓ（持続可能な開発目標）の17の目標では、８番目に「働きがいも経済成長も」と掲げられています。

残念ながら、「働きがい重視」という観点では、日本は周回遅れの状態だと言わざるを得ません。多くの会社は「働きやすさ」を目的に置いており、その結果、職場はぬるま湯で働きがいのない場所になってしまっています。

上司は「働きやすさ」のための配慮でフラフラになり、部下はモチベーションが上がらないという悪循環に陥ってしまっているのが、今の日本企業の姿だと言ってもいいでしょう。

上司自身が考える時期を迎えている

「働きがい」という言葉に、鼻白む人もいるかもしれません。

「仕事というのは責務を果たすことが重要で、働きがいがどうこうなどと言わずに黙ってやるものだ」

そんなふうに考えている人も少なくないでしょう。

しかし在宅勤務が増え、部下が自律的に仕事をしてパフォーマンスを上げていけるようにする必要性が高まっている中、「働きがい」を持ってもらうことの重要性はより高まっています。**上司として部下に成果を上げてもらうことを考えるなら、部下の「働きがい」に強い関心を持って取り組むことも上司としての重要な仕事なのです。**

そしてもう一つ、みなさんにお伝えしたいのは、上司自身も自分の「働きがい」についで考えるべきだということです。

みなさんはこれまで「働きがい」について考えたことがあるでしょうか？

これまでメンバーシップ型雇用の中で成り立っていた日本企業では、「働きがい」について考える必要性は低かったといえます。会社が終身雇用で面倒をみてくれて、定年退職で退職金を受け取り、「老後」を退職金と年金で暮らすというのがかつての日本の典型的な人生モデルでした。

しかし今の40代、50代以下には、このモデルは当てはまりません。そもそも雇用延長で65歳、あるいは70歳まで働いたとして、そのあとすぐ「老後」に入るという人生設計が成り立たないからです。「定年退職後は老後」モデルは、かつて男性の平均寿命が70歳代だった時代に生まれたものであり、「人生100年時代」と言われる今の時代には退職後の人生が20年以上もある可能性が高いのです。

65歳、あるいは70歳以降、みなさんはどう生きていくのでしょうか。お金の心配がなかったとしても、20年、25年という時間は余生として無為に過ごすには長すぎるでしょう。ここでぜひ、考えてみてください。みなさんは、この時間をどのように過ごしたいと思いますか？

今までの日本企業では、組織人として「与えられた仕事」を黙ってやっていればよかったかもしれません。辞令1枚での転勤も辞さず、会社の命令に忠実であるということが求められてきたのは確かです。

しかしこのような受け身の姿勢では、定年後に自分が何をすべきかを考えようとしても、やりたいことややるべきことを見つけるのは難しいでしょう。会社からの指示・命令がなくても、自分が「働きがい」を感じる仕事とはどんなものなのかを考えておかなければ、いずれ進むべき方向を見失うことになりかねないのです。

社会との接点を持ち続けることは、充実した人生を送るうえで欠かせないポイントです。定年後を見据え、今から自分自身の「働きがい」に目を向けることを強くおすすめします。

自身の「働きがい」やキャリアについてもっと深く考えたい人は、拙著『50歳からの逆転キャリア戦略』（ＰＨＰビジネス新書）をお読みください。

上司が部下に与える影響力を自覚する

もう一つ、次章以降で解説する「本物の『上司力』」について学ぶ前に、みなさんに意識しておいていただきたいことがあります。

それは、上司であるみなさんが思っている以上に、部下は上司の言葉に一喜一憂し、ときには深く傷ついてしまうこともあるということです。

上司自身に悪気はないのに、部下を落胆させるような言葉を口にしてしまうケースは枚挙にいとまがありません。

たとえば、ある50代の男性部長が、30代で妊娠中の女性部下から「調子が悪いので今日は早めに帰ります」と言われたとします。ここで男性部長が部下を心配して「大丈夫？」と尋ねても、女性部下としては妊娠中の自分の体調について詳しく説明したいとは思わないでしょう。

そこで女性部下が「えぇ、ちょっと……たいしたことはないんですが」などとすると、状況が理解できない男性部長は、「まぁ、『病も気から』だからね」などとサラリと言ってしまったりするのです。

妊娠して日々の体調の変化に悩んだり戸惑ったり苦労したりしている女性部下からすれば、「本当にわかってないな」とがっかりするのも無理はないでしょう。

また、子育て中でいつもは定時で退社する女性部下が残業申請をしたとします。ここで男性上司は、ねぎらうつもりで「今日は遅くまで頑張っているね。でも、お子さんは大丈夫？」などと尋ねたりします。女性部下が「えぇ、今日は夫が家で見てくれているので大丈夫です」とこたえると、男性上司は「そうか、旦那さんにも感謝しないといけないね！」と言ったりするのです。

女性部下からすれば、これは非常に理不尽な言葉です。ふだんは自分が子どもを迎えに行っているのに、たった１日だけ夫が子どもをみているからといって、なぜ子育ては奥さんに丸投げしていた男性上司から、夫に感謝するよう言われなければならないのでしょうか？

このようなケースを紹介すると、「どうやって部下に声をかければいいのか」と頭を抱える方もいるかもしれません。

２０２０年６月にパワハラ防止法（改正労働施策総合推進法）が施行されました。昨今はあからさまにハラスメントをする上司は減っていますが、パワハラの相談件数は増え続けています。それはこうした価値観のズレから起こってしまうケースが増えているからです。

具体的には次章以降で詳しく解説していきますが、重要なのは、部下の「頑張っている」という態度ではなく、部下の持ち味や業務で上げた成果を見て、それに関して具体的に声をかけることです。「あなたのことを見ている」ということを伝えるのは大切ですから、声をかけることに対して萎縮する必要はありません。

ただし、部下に対する声かけが、これまで以上に難しくなってきていることは知っておかなければならないでしょう。

いわゆる「メラビアンの法則」によれば、人が話をしているときに伝わる情報のうち言語情報は7％に過ぎず、残る93％は聴覚や視覚によって伝わるともいわれます。つまり、日常的なコミュニケーションは口調や表情、身振り手振りなどの非言語情報に頼る部分が大きいわけです。

しかし、コロナ禍の中でリモートワークが進んだことにより、上司と部下のやりとりにおいて非言語情報に頼れる部分は大幅に減ってしまいました。

ＺｏｏｍやＴｅａｍｓといったビデオ会議ツールを使ったとしても、目の前に人がいるのとは、得られる情報量に違いがあります。それに何でもビデオ会議というわけではなく、業務の多くはメールやＳｌａｃｋなどのツールを使ったチャットによるコミュニケーションによって進むことが多くなっています。この場合、文字情報にしか頼れないわけです。

このような状況では、誤解や感情の行き違いなどはどうしても生じやすくなります。ある企業では人事課長が内定者の研修の取り組み姿勢をＳＮＳ上で強く叱責したところ、ひどく落ち込み、入社前に自殺してしまったという悲劇も起こっています。

テキストベースのコミュニケーション力を意識的に高めることが求められる中、上司であるみなさんは部下に対して強い影響力を持つことを自覚し、話し言葉にも書き言葉にも注意を払っていかなければならないのです。

目指すのは「人の心を動かすリーダー」

ハーバード大学の教授だったロバート・カッツが組織で働くうえで必要なスキルを体系化したカッツモデルによれば、「テクニカル・スキル（業務遂行能力）」「ヒューマン・スキル（対人関係能力）」「コンセプチュアル・スキル（概念化能力）」の3階層に整理することができます（図4）

テクニカル・スキルはその名前のとおり、業務を遂行するうえで必要な技能であり、現場のプレイヤーとして磨き上げていくものと言えます。プレイングマネジャーとして仕事をしている方の中には、自分のテクニカル・スキルに対する自負が強い方も少なくないでしょう。

ただし、ミドル層やトップ層としてはテクニカル・スキルだけでは仕事が務まりません。何よりテクニカル・スキルはこれからAIやロボットに代替されていく可能性が高い領域もあることを考えると、テクニカル・スキルだけに頼っていくのは難しいかもしれません。

そこでミドル層の上司に重要になるのが、ヒューマン・スキルです。テクニカル・スキルが「自分を動かす」スキルとすれば、ヒューマン・スキルは「人を動かす」スキルといえるでしょう。

求められるのは、人に指示・命令を出して言うとおりにさせようとするのではなく、相手の心を動かし、部下が自律的に仕事をするような環境をつくる力です。

トップ層である経営層に近づいていくと、徐々にコンセプチュアル・スキルが求められるようになります。これは、会社の全体像を考えてビジョンを打ち出したり、経営方針を策定するなどのスキルです。一対一のコミュニケーションで相手を動かすのが「ヒューマン・スキル」なら、「コンセプチュアル・スキル」は組織と対峙してダイナミックに動かしていくような力といえるでしょう。このうち、本書が主に取り上げるのは、部下の心を動かす「ヒューマン・スキル」中心になります。

図4

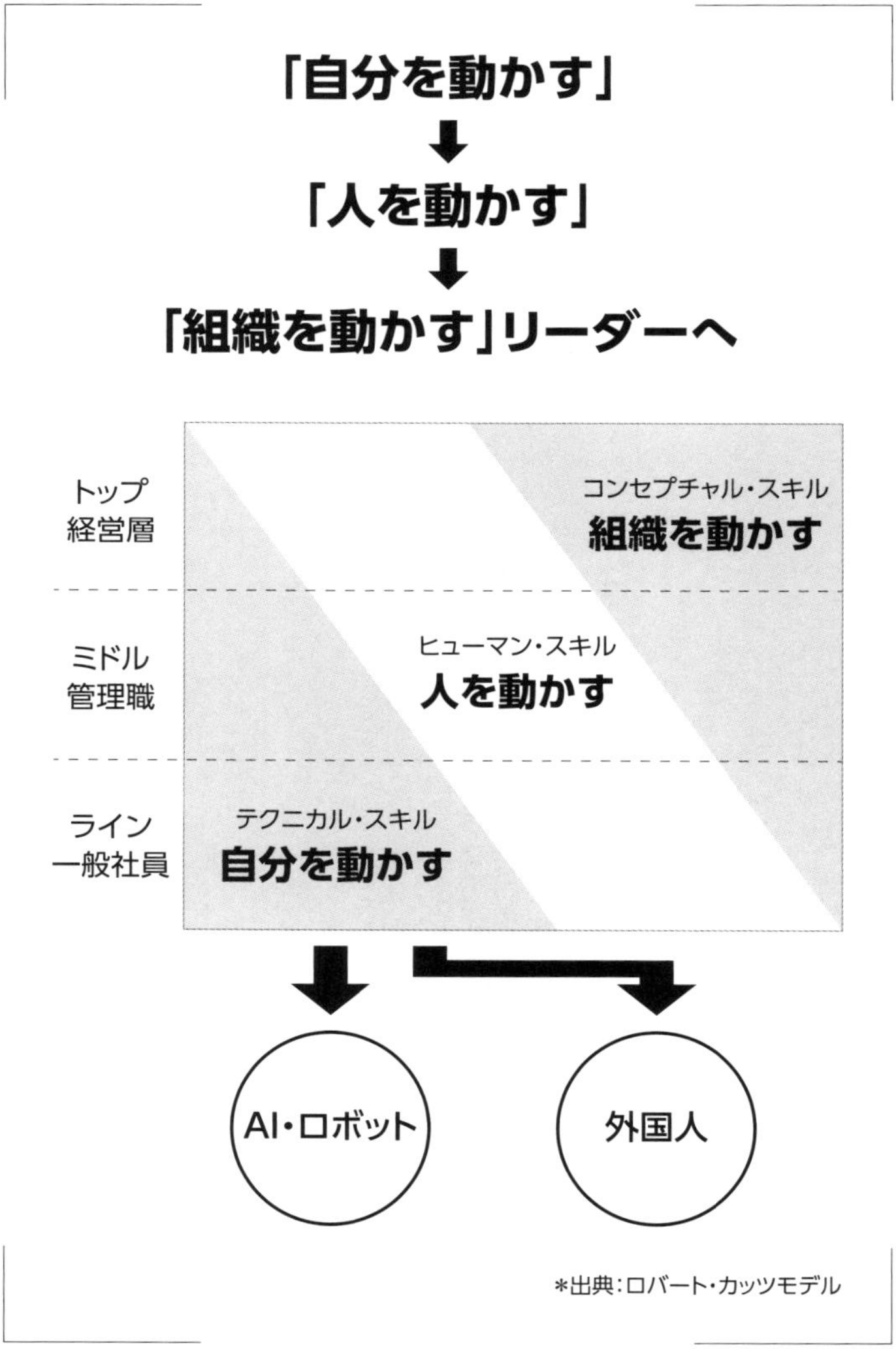
「自分を動かす」
「人を動かす」
「組織を動かす」リーダーへ
トップ
経営層
ミドル
管理職
ライン
一般社員
コンセプチャル・スキル
組織を動かす
ヒューマン・スキル
人を動かす
テクニカル・スキル
自分を動かす
AI・ロボット
外国人
＊出典：ロバート・カッツモデル

私の営む会社では上司が人の心を動かすスキルを身につけることの重要性を伝えるため、研修やセミナーでよく「部下に感謝したエピソードを受講者どうしで共有する」というワークを実施しています。

そもそも上司は、部下に対して不満を抱えていることが多いものです。「部下が指示待ちをしてばかり」「指示しても言ったとおりにできない」「文句ばかり言う」「モチベーションが低い」……部下について尋ねれば、日頃の思いはネガティブな言葉になって炸裂します。

それでも、私が部下に感謝したエピソードを思い出すよう促すと、多くの上司からさまざまなエピソードが出てくるものです。

「熱を出して会社に行けなくなり、お客さまのフォローを部下に任せたら、機転を利かせて私の穴を埋めてくれた」

「課長として人事異動で新しい部署に入り、職場の状況がわからないまま部長からあれこれ言われて困っていたとき、部下が『部長はこういうことを求めてくると思います』と資料をつくってくれて助かった」

「自分の誕生日に出社したら、部下たちが花束を用意してお祝いしてくれた」

そして、こういった話をするとき、上司のみなさんの表情は笑顔でいっぱいになるのです。

上司が部下に感謝したエピソードに共通するのは、上司が部下に対して「この方向に動いてほしい」と思っているとき、部下がその方向にしっかり動いてくれている場面であるということです。

私はこれらのエピソードを聞くと、「そのとき、恥ずかしがらずに『ありがとう』と言えましたか？」と尋ね、心を込めて感謝を伝えるよう促します。これは、上司が喜んでいることを理解すれば部下もうれしいと感じ、もっとその方向に行動しようと考えるものだからです。そして、この「ありがとう」を言えたときが、上司が部下の心を動かした瞬間なのです。

一般に、上司が部下にインセンティブを与えようとする場面では「飲みに連れて行っておごろうか」などと考えがちなものでしょう。しかし、育児や介護と仕事を両立する部下も増えています。今どきそんなことにお金をかける必要はありません。どんどん感謝し、それを言葉で伝えることこそ、部下の心を動かします。

かつて、私が営む会社が開講する「上司力研修」を受けた一人の管理職からしばらくしてご連絡をいただいたことがあります。その方は、「感謝することで部下の心が動く」という話を信じて実践してみたのだそうです。

「私には部下が５人いるのですが、日々、９割は腹の立つことばかりでした。それでも部下に感謝したことを１週間メモしておいて、翌週の朝礼で『先週はこういうことをやってくれてありがとう』と部下一人ひとりに伝え続けました。すると、それまで一体感がなくギクシャクしていたチームの雰囲気が変わり始めました。半年たった頃には、５人の部下は全員が高いモチベーションを持って仕事に取り組むようになりました」

どんどん感謝し、それを言葉で伝える。ぜひ、みなさんも実践してください。

「嫌われたくない」と逃げることで起こる事態

先述したように、企業に職場のハラスメント防止を義務付ける「パワハラ防止法」が施行されています。近年のハラスメントに対する意識の高まりとともに、部下を指導するにあたって「これはハラスメントになるのでは？」と気にする上司が増えつつあります。企業もハラスメント対策として、マネジメント層に対し、部下との話し方を学ぶコーチング研修や怒りをコントロールする方法を学ぶアンガーマネジメント研修などの実施に一生懸命です。

しかし、**上司が「ハラスメントになるのでは？」と気にしたり、企業が上司に対して怒りの抑え方を教えたりするのは、ハラスメント事案を減らすためには必要とはいえ、根本的解決にはならないのではないでしょうか。**さらには「事なかれ主義」を助長し、コミュニケーションの希薄を招く可能性もあります。地雷を踏みたくないという気持ちが強くなれば、部下に関わることを避けるようになり、部下の気持ちや成長に対して無関心になってしまうでしょう。厚生労働省「パワーハラスメントに関する実態調査」（平成28年）によると、パワーハラスメントが発生している職場の第1位は「上司と部下のコミュニケーションが少ない職場」（45・8％）なのです。

図5をご覧ください。

私は、愛の反対は無関心だと考えています。マザー・テレサの名言ですね。部下に対して「面倒くさい、嫌われたくない」などと考える事なかれ主義の上司は、表面上は優しく見えますが、そこに愛はありません。

一方、部下に対する愛はあっても優しさがないと部下の意見を聞いたり持ち味を活かしたりという視点が欠け、自分の考えを押し付ける過干渉に陥りがちです。「俺の背中についてこい！」という旧来型の部下を管理したがる上司は、ハラスメントのリスクが高いといえます。

図5

本物の優しさは厳しい愛

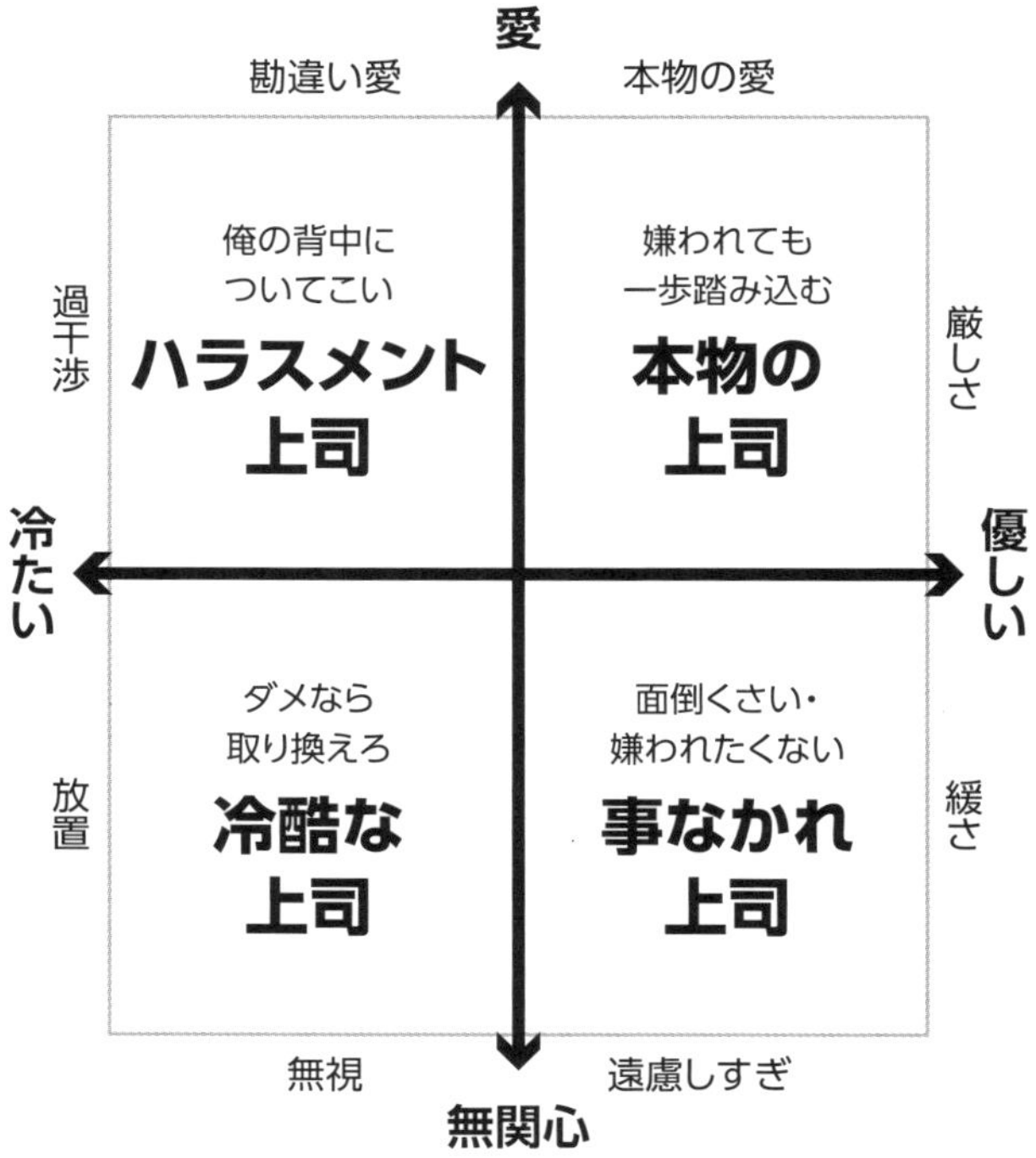

＊考案：前川孝雄

「ダメな部下は取り替えればいい」という冷酷な上司は、部下に関心がなく優しさもないタイプに分類できます。

近年は冷酷な上司は少なく、ハラスメント上司も減少傾向にありますが、その分だけ増えているのが「事なかれ上司」ではないかと思います。

昨今では事なかれ主義で深く関わらないことも「人間関係からの切り離し」で疎外感を与えることになればパワハラになりかねません。しかし私がみなさんに目指して**いただきたいのは、優しさと愛を持って部下と対峙する「本物の上司」です。**

ここでいう「優しさ」とは、甘やかすこととは意味が異なります。「仕事を任せた以上、当事者はあなたであり、任された仕事の範囲でちゃんと責任も負いなさい」と部下に強く言える厳しさを持つことこそ、部下への正しい愛の形です。

ときに嫌われることがあっても一歩踏み込み、必要であれば厳しく叱ることをいとわないのが本物の上司であり、まさにこの本のタイトルでもある、「本物の『上司力』」だと私は考えています。

リーダーシップを身につけ、次のステージに上がる

「部下一人ひとりの持ち味を認め、信じて仕事を任せ、感謝することで心を動かしていく」ことこそが、「本物の『上司力』」――。

これは言葉にするとシンプルですが、実際にやってみると、最初のうちは「しんどいな」と感じるはずです。ずっと自分のやり方を信じて成果を上げてきた優秀な方ならなおのこと、自分を捻じ曲げているかのように感じるかもしれません。

しかし、部下の様子が徐々に変わり、チームとして動き始めることを実感すると、上司としての仕事の醍醐味を感じるようになります。そして、これまで部下に任せきれずに抱え込んでいた業務を部下にしっかり任せられるようになることで、チームとしてあげられる成果も確実に大きくなっていきます。

何より、全員が働きがいを持ち、熱気にあふれたチームでよりよい仕事ができるようになることは、みなさん自身の喜びとなります。私が営む会社が開講する「上司力鍛錬ゼミ」では、半年から1年以上にわたりアクションラーニング形式で管理職のみなさんには学習と実践を続けてもらいます。修了後の成果発表会では、多くの方が部下との強い絆を育み熱気あふれるチームをつくれた喜びを最高の笑顔で語ってくれます。

私はみなさんに部下の心の動かし方を解説していますが、部下を育てチームを動かすことによって一番成長するのは、実は上司のみなさんなのだと考えています。

ここまで繰り返し、厳しいことをたくさんお伝えしてきたように、今の時代、上司の仕事は難易度が非常に高くなっています。終身雇用の崩壊やチームのメンバーの多様化により「指示・命令」で組織を動かすことはできなくなり、コロナ禍の中でコミュニケーションは取りづらくなっています。

ですから本来なら、チームをマネジメントする上司は、専門的に心理学やチームビルディング、ダイバーシティ・マネジメントなどについて学ぶ必要があるのです。

しかしマネジャーとなって会社で受けられる研修は多くの場合、十分ではありません。コーチング技術など素晴らしいノウハウはあるものの、それらを「点」として教育を受けても、「いかに部下を育てチームを動かして成果に結びつけていくか」を一貫してトレーニングされる機会はほとんどないといっていいでしょう。

だからこそ、本書を通じてリーダーシップを身につけ、マネジャーとして「プロフェッショナル」の仕事ができるようになることは大きな意味があります。ここで新しい筋肉をつけることは、ビジネスパーソンとしてのみなさんを成長させ、次のステージへ引き上げる力となるでしょう。

そこで次章からは、こういった「本物の『上司力』」をつけるために必要な具体的な方法についてお伝えしていきます。

第 2 章

「本物の『上司力』」ステップ①

相互理解を深めて絶対的な信頼関係をつくる

『本物の上司力』を身につける5ステップ」とは

本書が目指すのは、みなさんが「働きがいある職場」をつくり、「部下一人ひとりが自律的に動き、個人では達成できない結果を導き出すチーム」をつくる力、すなわち「本物の『上司力』」を身につけることです。

前章でも繰り返し述べたように、「指示・命令し、管理する」という方法はすでに通用しない時代になっています。リモートワークが一般化し、部下が身近にいない状況が日常となる「ウィズ&ポストコロナ時代」においてはなおさら、一人ひとりが働きがいを感じながら前のめりに仕事に取り組む状況をつくり、部下に裁量を任せて自律的に働けるようにしなければ、企業は成り立たなくなるでしょう。

第2章

「本物の『上司力』」ステップ①
相互理解を深めて絶対的な信頼関係をつくる

ここからは、上司が部下の「本物の上司」になるための具体策として、5つのステップを紹介していきます。

5ステップとは、

①相互理解：一人ひとりが異質な価値観を持っていることを知る
②動機形成：部下に働く目的を理解させる
③協働意識：部下が協力しあえる環境をつくる
④切磋琢磨：部下一人ひとりが自律的に働き、前向きに切磋琢磨し、改善・改革が進む組織にする
⑤評価納得：節目ごとに部下に仕事と成果を振り返らせ、上司からの評価に納得させ、次なる成長に向かわせる

です。このステップを理解し実行できることで、「本物の『上司力』」は自然と身につきます。そこで、まず本章では、「①相互理解」について学んでいきましょう。

すべてのスタートはお互いを理解すること

最初のステップは、上司と部下がお互いに相手のことをしっかり理解することです。相互理解が深まることは信頼関係の構築に通じ、信頼関係が醸成されることで上司は部下に仕事を任せやすくなります。上司から仕事を任せられた部下は、任せられた範囲の責任を負うことで、自律的に働き始めるのです。

相互理解による信頼関係の構築はハラスメントリスクの軽減という意味でも重要です。

明らかな暴力や暴言とは異なるハラスメントの「グレーゾーン」は、言葉のあやにより、部下が上司の意図した以上に不快感を抱いたり、傷つくことによって生じます。

部下が「これはハラスメントではないのか」と上司の言葉に過剰に反応するのは、もとをたどれば、信頼関係が構築されていないことが原因である場合も多いのです。

逆に言えば、上司と部下の間に信頼関係さえあれば、上司の言葉が多少厳しくても、部下はそれを受け止めることができるのです。

誤解を生まないコミュニケーションをとることができる関係をつくるためにも、まずは上司と部下の相互理解を深めていきましょう。

どうして自己開示が必要なのか

近年は「傾聴」の重要さが説かれ、多くの企業では管理職に対してコーチング等の研修を実施しています。しかし、このコーチングの核ともいえる「傾聴」、実際にやってみるとうまくいかないことが多いものです。

上司は研修を受けて「部下の話をじっくり聞きましょう」と言われると、面談を設定し、部下に根掘り葉掘りさまざまなことを聞き出そうとします。しかし、部下の立場に立って考えてみてください。上司から突然「今の仕事についてどう思っているのか」「将来のキャリアについてどのように考えているのか」といったことをあれこれ聞かれたとき、すぐに自分の考えていることを口にできるでしょうか？

部下からすれば上司には言いづらいこともたくさん抱えているでしょうし、急に上

司があれこれと質問してくれれば、詮索されているようで、意図もわからず少々気持ち悪いと感じるのも無理はないように思います。

私は、上司が部下に話を聞くことより先に、上司から自己開示をすることがとても大事だと考えています。まずは自分がどのようなことを考えているのかを自分の言葉で部下に話しましょう。

たとえば、部下に仕事に対する考えを聞きたいなら、まずみなさん自身が部下に対し、「自分がこれまで働いてきた経験の中でどのような考えを持って仕事をしているのか」を話すことが必要です。

また、部下に自分のことをより深く知ってもらうためには、プライベートも含めてどのような人生を送ってきたのかも話したほうがよいでしょう。私は、自分の趣味や家族のことなどもざっくばらんに話すことをおすすめします。

ただし、人間が自己正当化したがる動物であることには注意する必要があります。

上司が部下に自分の話をするときは、自分の得意なことや強みなどを強調してしまいがちです。たとえばよくあるのは、自分の仕事観を語っているうちに武勇伝を披露してしまうことです。

社会の状況が大きく変化している中、かつての成功体験がそのまま部下の参考になるとは限りません。一歩間違えば、部下が「それは昔の話だろう」「今の時代にそのやり方は通用しないのに……」などと反発を覚えることにもなりかねません。

プライベートの話をするときも少々注意が必要です。

今の40代、50代の男性上司の皆さんは、自分が一家の「大黒柱」であり、配偶者が専業主婦だったり、働いているとしてもパートタイムというケースが多いのではないかと思います。それ自体に問題はありませんが、そのような状況をベースにした価値観や感覚を疑うことなく話をしていると、部下に強い違和感を与えることがあります。今の20代、30代にとっては共働きが当たり前であり、「夫婦がパートナーとして対等な関係を築くべきだ」という感覚が強いからです（**図6**）。また、未婚率の上昇や離別死で今や単身世帯が多数派になっていることへの理解も必要です。

図6

専業主婦世帯から共働き世帯の時代へ

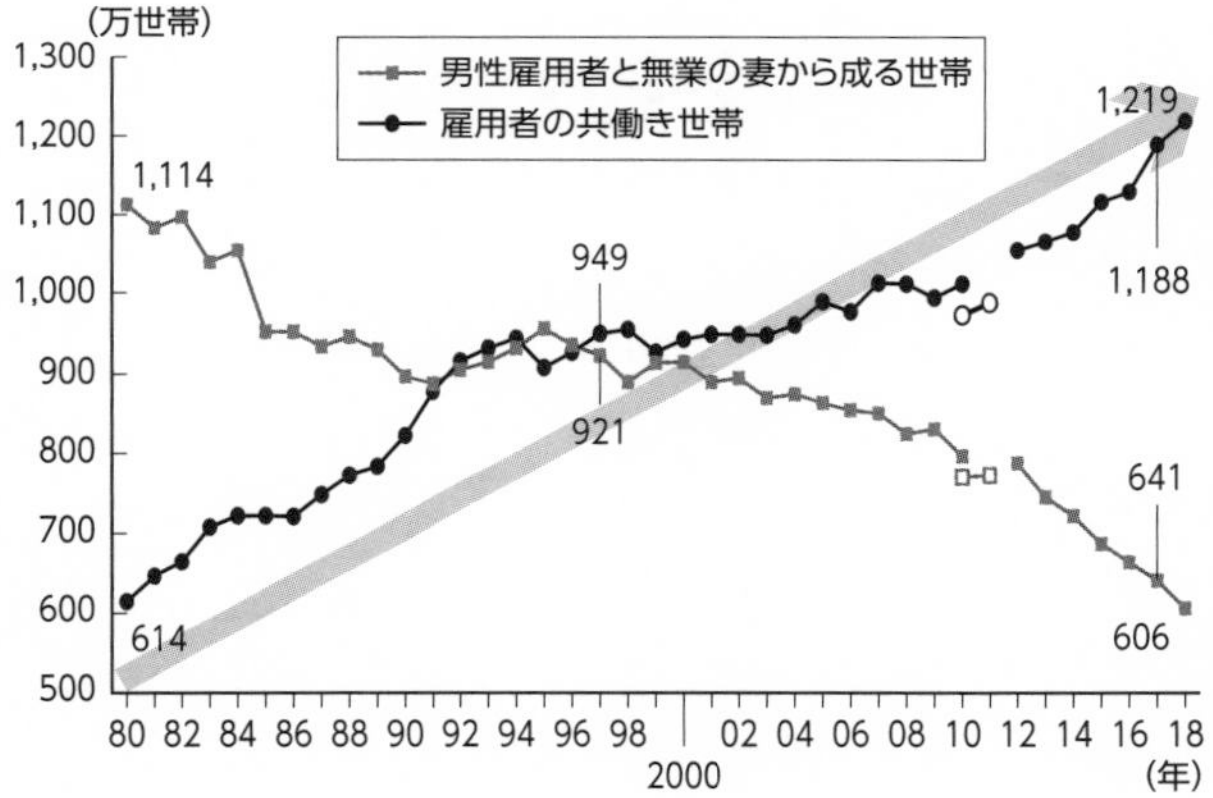

（備考）

1. 1980年（昭和55年度）から2001年（平成13年度）までは総務庁「労働力調査特別調査」（各年2月。ただし、1980年〈昭和55年〉から1982年〈57年〉は各年3月）。2002年〈平成14年〉以降は総務省「労働力調査（詳細集計）」より作成。「労働力調査（詳細集計）」とでは、調査方法、調査月等が相違することから、時系列比較には注意を要する。
2. 「男性雇用者と無業の妻から成る世帯」とは、2017年〈平成29年〉までは、夫が非農林業雇用者で、妻が非就業者（非労働力人口及び完全失業者）の世帯。2018年〈平成30年〉は、就業状態の分類区分の変更に伴い、夫が非農林業雇用者で、妻が非就業者（非労働力人口及び失業者）の世帯。
3. 「雇用者の共働き世帯」とは、夫婦共に非農林業雇用者（非正規の職員・従業者を含む）の世帯。
4. 2010年〈平成22年〉及び2011年〈23年〉の値（白抜き表示）は、岩手県、宮城県及び福島県を除く全国の結果。

＊出典：内閣府「男女共同参画白書　令和元年版」

「男は仕事、女は家庭」といった考えに代表される、いわゆる古い性的役割分担意識を拭いきれていない方は、部下と会話をする際、世代間や立場の違いで感覚が大きく異なることに十分注意する必要があります。

いずれにしても大前提として頭に入れておきたいのは、自分の強みや得意なことを話すのではなく、弱みをさらけ出す勇気を持つことが必要だということです。

体験談を話すのであれば、成功した体験よりも失敗談を話しましょう。自分が不得意なことや苦手なことも、どんどん開示してください。上司が弱みを見せることによって、部下は「上司も意外に人間的な部分があるんだな」と感じることができます。そのような安心感があれば、部下も自己開示しやすくなるのです。

なお、上司が自己開示すると言っても、何の前触れもなく部下に対して自分のことを語り始めれば、部下はびっくりしてしまうでしょう。まずは「お互いのことをよく理解しあうために面談したいので、時間をつくってほしい」と意図を伝え、きちんとコミュニケーションの場を設けましょう。**期初や新規にチームが組織されたタイミング、異動や転職でその部下を受け入れたタイミングで実施するのがおすすめです。**

部下との間に見つけておきたいもの

部下と会話をする際、相互理解と信頼関係の醸成という観点から、距離感を縮めるために重要なのが「共通項を見つける」ことです。

みなさんは、初めて会った人と会話しているとき、出身地が同じだったり出身校が一緒だったり共通の趣味があることがわかったりして、会話が盛り上がったという経験がありませんか？　人間というのは、お互いに共通項があることがわかると親近感を持つものなのです。

上司が自己開示をすれば、部下がその話の中に自分との共通項を見つけることがあるかもしれません。それを上司のほうから聞き出すことで確認しましょう。

たとえば自己開示をしたあとで「今日話したことの中で、何かもっと聞きたいことはあるかな?」と尋ねたり、「質問があれば何でも聞いてほしい」と伝えたりしてみてください。

あるいは「今日の話で、私とあなたの間に何か共通するところは感じた?」などと直接的に聞いてみても良いでしょう。このような質問を介して共通項という「話のタネ」をまくことは、部下が自分のことをスムーズに話すよう促すことにつながります。

人は互いのことを知らないと警戒感を抱き恐れがちですが、互いのことを知ればそれも和らぎます。互いの共通項が見つかれば、自分と同じ経験があることとなり、「知らない人」から「知っている人」になり、一気に心の距離が縮まるのです。

心理的安全性を醸成する

近年、「心理的安全性」の重要性が指摘されています。職場が安心・安全な場所であると感じることができなければ、部下はのびのびと働くことができません。職場が「ホーム」であり、「自分の弱みをさらけ出せる場所で、誰からも非難されることなく受け入れられる」という感覚を持たせることが、部下の力を引き出します。

ここまでご説明してきた方法で上司と部下が相互理解を深め、信頼関係を築くことは、そのまま「心理的安全性」の醸成に寄与します。

自己開示というのは安心・安全を感じられて初めてできるものであり、自己開示できる場をつくって相互に自分の気持ちや考えを伝え合うというステップを踏むことが、部下に安心感を与えるからです。

もちろん、相互理解のための面談を一度や二度、実施したからといって、心理的安全性がすぐに醸成されるわけではありません。しかし面談や仕事の喜怒哀楽を共にする経験を重ね、実際にお互いの理解が深まって信頼関係がつくられていく過程の中、心理的安全性は高まっていくでしょう。

心理的安全性という観点で、部下との面談において注意しておきたいことがあります。それは、部下自身があまり話したくなさそうなことには無理に踏み込まないということです。

私は上司のみなさんにプライベートについても自己開示することを勧めていますし、部下がプライベートのことや趣味の話をし始めたら「相互理解を深めるチャンス」と捉えて話を盛り上げるほうがいいと考えています。

しかし、近年は「仕事とプライベートは分けたい」という意識も高まっています。特に信頼関係が構築されていない場合、職場の上司からプライベートについて踏み込んだ質問をされることに対して「ハラスメントだ」と感じる人もいます。また、そもそも自分自身のプライベートについて話すことを好まないタイプの人もいるものです。

部下との相互理解を深めようと面談にチャレンジし始めたとき、プライベートや趣味の話が出てこないからといって焦る必要はありません。

重要なのは、部下が心理的安全性を感じ、自分から話したいと思うことを話してくれることなのです。

つい話しすぎてはいないか

仕事熱心で優秀な上司は、いざ部下との面談を始めると、「面談をしっかり進めよう」という高い意識を持って臨むものです。しかし前のめりで面談を始めると、上司だけが一方的に部下に話をする「演説状態」になってしまうことがよく起こります。

そもそも、部下から話を引き出すというのは簡単なことではありません。

私の営む会社が実施する上司力鍛錬ゼミでは、参加する上司の方に独自の面談シート（229P～232P参照）をもとに「部下と面談してきてください」と宿題を出し、のちに振り返りの場を設けて面談を実施した感想を上司の方々から伺うことがあります。そのような場でよく聞くのは、「部下が黙り込むので、焦ってつい自分ばかりが話してしまった」というエピソードです。

まだ信頼関係が構築されていない相手と話していて沈黙が発生すると、相手が何を考えているのかわからず、不安になってしまうものでしょう。そこで沈黙を解消しようと焦ると、どうしても自分ばかりが言葉を発することになってしまうのです。

しかし、部下からすれば上司と話をすることそのものに慣れていない人もいるわけですから、急にいろいろ質問されてもスムーズに答えられないのは当然です。言いたいことがあっても、それを頭の中で整理して言葉を選ぶ時間は必要でしょう。

私たちは、研修で「沈黙もコミュニケーションの一環だと捉えましょう」と伝えています。部下が黙り込んでも焦らず、「考えを整理してから話してくれればいいよ」と伝えて部下が話し始めるのを待つようにしましょう。何を話すかよりも、こうした包容力ある待つ姿勢や相手のペースに合わせる姿勢こそ重要なのです。

話が苦手な人は相応の準備を

読者のみなさんの中には、「もともと人と話をするのが苦手だ」という方もいらっしゃるでしょう。その場合、自己開示をして自分について話そうとするなら十分な準備が必要です。

まず、生まれてからの「人生年表」をつくり、その中で自分のキャリアを振り返ってみましょう。起こった出来事を書き出すだけでなく、そのときどきで人生が上り調子にあったのか下り坂だったのか、気持ちの流れも含めて折れ線グラフなどで表してみたり、当時考えていたことを振り返って言語化しておいたりするのも有効です。もちろん、まとめるだけでなく、それに基づいて話す練習もしたほうがいいでしょう。

もう一つ気をつけたいのは、仏頂面で話さないことです。

上司というのはもともと怖い存在だと思われがちなものであり、本人は普通の顔をしているつもりでも、無表情であるだけで部下が「機嫌が悪いのではないか」「話しづらい」などと感じることもあります。

国のダイバーシティ経営企業にも選ばれるほど多様な人が育つ風土をつくられており、私が尊敬する日本レーザーの近藤宣之会長は、「社員からすれば社長は怖い存在だ」という自覚のもと、家で笑顔の練習をしているそうです。「笑顔は性格ではなく能力」とし、「鏡を見て、口角を上げてニコニコしながら話すようにトレーニングしていた」というお話を聞き、部下たちの心を開くための努力に頭が下がる思いでした。

東京2020オリンピック・パラリンピック招致委員会コンサルタントを務めたニック・バーリーは、プレゼンの中で笑顔をどのタイミングで有効に使うか緻密に設計したそうです。

みなさんも、自分が部下から怖く見えてしまっていないか、話しづらいと思われていないかを振り返り、たまには笑顔のトレーニングをしてみてはいかがでしょうか。

こうすれば仕事以外の会話の糸口が見つかる

自己開示による相互理解というと少々難しく聞こえるかもしれませんが、日々の会話の中でも十分に実践可能です。たとえばチームの定例ミーティングの冒頭で、メンバー全員に何かテーマを伝え、そのテーマに沿って一人ひとりに話をしてもらう「チェックイン」という方法もあります。

チェックインのテーマは、みんながリラックスして話せるものにしましょう。たとえば、「休日の出来事」「今ちょっと気になっていること（もの）」「読んだ本の感想」などは、あまり難しくなく、一人ひとりが発言しやすいと思います。

楽しみが多いテーマにしたい場合は、おいしいお菓子の情報を一人ひとりに聞き、そのうちの１つを次回の会議でのお茶うけにするというのも面白いものです。

あるいは「メンバー同士の共通点探し」や「隣の人を褒めてみよう」といったゲーム仕掛けにし、チームの気持ちを結束しやすくする方法もあります。

チェックインは仕事に絡めて実施することもできます。たとえば**新サービスを検討する会議であれば、「先週1週間で『いいな』と思ったサービスは?」など、その日の議題に沿ったテーマを設定して一人ひとりに発言してもらってもいいでしょう。**

私が営む会社では、毎週のミーティングで仕事の進捗共有や話し合いとともに「みんなの読書コーナー」を設けています。週1冊以上本を読むことを推奨しているのですが、その週に読んだ本の感想を一人ひとりが話す時間もつくっているのです。ここで感想を発表する本は、私たちの会社の専門領域である人材育成やキャリアやマネジメント・リーダーシップ等にテーマを限定しているわけではなく、小説などでもまったく構いません。メンバー同士の趣味嗜好や今の関心事などもうかがえ、共通点を発見したり関係性を深め合ったりするのに大いに役立っています。

ちなみに、メンバーに週1冊を求めるからには、私自身にはその3倍の3冊以上を課し、自己開示に努めています。

ベースは利他主義ではない

本章の最後に、部下との相互理解の基礎となり、部下と話すときに最も重要な「心の持ち方」について触れておきたいと思います。

ビジネスの世界はベースとして常に「そろばん勘定」がありますから、職場では損得を抜きにしてものを考えることに慣れていない人が多いのではないかと思います。

「利己主義」「利他主義」という言葉はビジネスの世界でもよく使われ、「利己主義ではなく利他主義で動くべきだ」という文脈で語られることが少なくありませんが、私は利するのが自分であっても他人であっても、「利」を考える以上はそこに損得勘定が働いているのではないかと感じます。

相互理解を深めて信頼関係を構築することを目指す場合には、「損得抜きで、愛情を持って」相手に接することが必須だと私は思います。

上司と部下の関係でいえば、部下がチームにおいて仕事上の成果を上げるかどうかはもちろん大切ですが、それ以上に、部下自身の働きがいや成長について本気で考えることが重要なのです。

ここで、ある企業の営業部門の管理職Ａさんのエピソードを紹介したいと思います。

Ａさんはもともと非常に優秀な営業マンで、高い業績を評価されてスピーディーに昇進し管理職になったという経歴の持ち主でした。

Ａさんが課長として率いることになったのは、新規顧客開拓を担う営業チーム。新任課長になったＡさんは、「チームで数字を上げていくには、これまで自分が実績をあげてきた手法を部下に覚えさせればよい」と考え、早速、部下たちへの厳しい指導を開始しました。

Ａさんが現場で実践していたセオリーは非常にシンプルでした。彼は「行動量が結果をつくる」という信念を持っており、新規顧客獲得のために営業電話を１日に１００件もかけたり、人脈をたどって人を紹介してもらったりして、とにかく多くの人へのアプローチを重ねていたのです。そうやってアポイントメントが取れた相手をリストアップし、１日に数件は必ず訪問営業をするというのが彼のスタイルでした。もちろん、訪問営業の途中では飛び込み営業をすることもいといません。そうやって数字を積み重ねていけば、確率論で誰でも何パーセントかは必ず実績につながる、というのが彼の考え方だったのです。

Ａさんは、自分が実践してきたセオリーを徹底的に部下に教え込もうとしました。もちろん良かれと思ってのことですが、このようなハードな方法は誰もが実践できるわけではありません。ついてくることができない部下もいるのは当然のことでしょう。「メンタル面がつらい」「会社に行くのが怖い」などという部下が続出し、退職を申し出る人も増えていったといいます。

焦ったＡさんは、そこで初めて部下たちと面談し、「いつか結果は出る。今はしんどいかもしれないけど、頑張ってやっていこう」と説得を試みました。しかしそれでもメンタルを壊してしまう部下は増え続けました。このような状況では、チームとして実績が上がるはずもありません。

プレイヤーとして高い成績を誇ってきたAさんでしたが、課長になりチームを仕切るようになって、ビジネスパーソンとして初めて壁にぶつかったわけです。

悩んだAさんは、「あの人は部下を育てるのがうまい」と評判の先輩管理職のBさんに相談に行きました。すると、BさんはAさんにこう尋ねたそうです。

「目の前にいる部下が、もしも自分の息子や娘だったら、『今はしんどいかもしれないけど、頑張ってやっていこう！』って説得する？」

Aさんはハッとしてこう答えました。

「自分の子供に対してなら、『そんな心身を壊すほどしんどい仕事はやめたほうがいい』と言うと思います……」

Bさんは Aさんに、「部下を自分の子供だと思って、対応を考え直したらどうか」

と伝えたそうです。そこでAさんは初めて、自分の仕事のやり方を見直すことにしたのです。

Aさんは、面談のときに部下が「きつい」「しんどい」などといった言葉を漏らしたとき、「そうか、きついか。でも、チームの一員としての目標を持って仕事をすることは必要だよ。電話かけや飛び込み営業がきついなら、あなたは、どうしたらいいと思う?」と、部下に質問をするようになりました。

このように面談のスタイルを変えると、部下の様子は徐々に変わっていきました。自分の「しんどさ」を上司から受け入れられたことが、部下の気持ちを和らげたのでしょう。上司の質問に対して、少しずつ自分のアイデアを口にするようになったのです。

上司であるAさんからすれば、それらのアイデアは自分のスタイルとは異なったものであり、当初は半信半疑だったようです。しかしAさんは「あなたがそう考えるなら、その方法でやってみよう」と部下のアイデアを受け入れることにしました。

すぐに結果は出ませんでしたが、半年ほど経つと徐々にチームの営業成績は上向きになり、メンタルの不調を訴える部下や退職する部下も減っていったのだそうです。

何より、今や昔気質の気合いと根性の体育会営業が通じる時代ではありません。部下の意見を取り入れる中で、リモートワークが進む中、つながりにくい電話かけを続けるよりも、WEBリサーチをしてホームページにメッセージを送ったり、セミナーを開催し反響型に変えたり、電話かけ営業部分を成功報酬型でアウトソースしたほうが生産性が上がることもわかってきたと言います。部下も育ち、上司自身も時代の変化に対応でき、一挙両得というわけです。


このケースからわかるのは、部下に対して子供に持つのと同じような愛情を持てば、おのずと損得勘定だけの世界とは異なる考えが持てるようになるということです。

上司のみなさんには、自分が部下にかけている言葉や自分の行動について「部下自身のためを思ってのものかどうか」「部下に働きがいを感じさせ、部下の成長につながっているか」を、「愛他主義」の観点からつねに見つめ続けてほしいと思います（図7）。

図7

「上司力」のベースは「愛他主義」

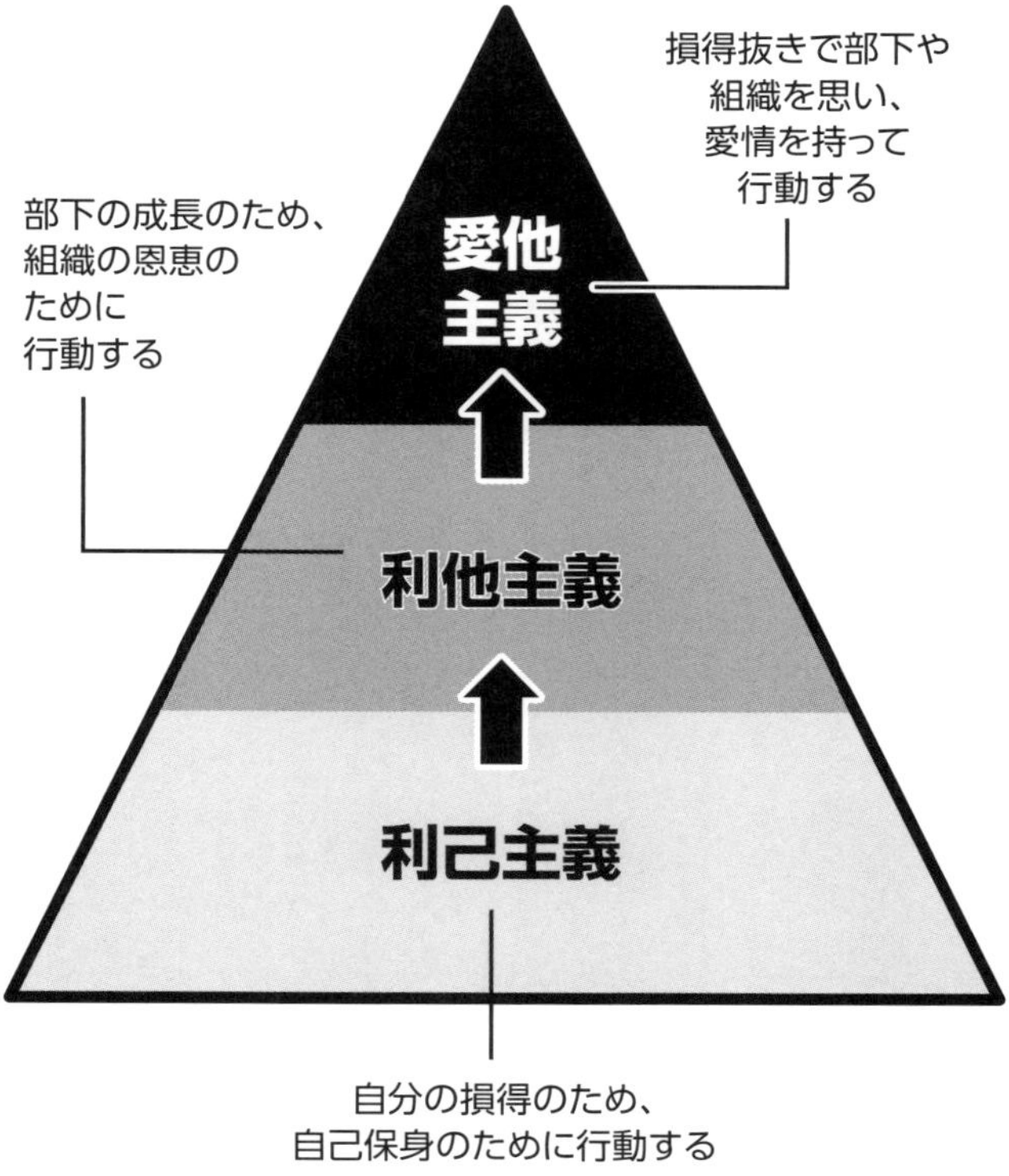
損得抜きで部下や
組織を思い、
愛情を持って
行動する
部下の成長のため、
組織の恩恵の
ために
行動する
愛他
主義
利他主義
利己主義
自分の損得のため、
自己保身のために行動する

第3章

「本物の『上司力』」ステップ②

目的を伝えて動機形成する「仕事の任せ方」

「働く目的」を伝えるのも上司の役割

「本物の『上司力』」を身につけるための第2ステップ。

それは、部下に「働く目的」を理解させ、仕事に対するモチベーションを引き上げるということです。

研修などを通して感じているのは、上司の方は総じて、部下への指示は「作業」を言い渡すだけになってしまいがちであるということ。

特にプレイングマネジャーである上司の場合、自分の仕事に忙しく、部下に「あれをやれ」「これをやれ」と端的な指示を飛ばすことになりやすいもの。リモート・ワークでメールやチャットのやりとり中心になるとなおさらです。

第3章

「本物の『上司力』」ステップ②
目的を伝えて動機形成する「仕事の任せ方」

生産性を求められる中、悪気はないのかもしれませんが、「自分が言ったことを、言われた通りにやってくれればいいのだ」というトーンを醸し出せば、部下のモチベーションは下がってしまうでしょう。ロボットのように言われたことをやるだけの仕事で、やる気を出すのはどだい無理な話です。

部下自身が「仕事をもっと頑張りたい」と感じ、モチベーション高く仕事に取り組むように導くには、部下が「自分が働く目的」を理解できるよう、上司がしっかり伝えなければならないのです。

「本物の『上司力』」を身につける第2段階めとして、ここからは目的を伝えて動機形成する「仕事の任せ方」についてご説明したいと思います。

「目標」ではなく「目的」を伝えることが必要な理由

部下に働く意義を感じてもらうためには、いかに仕事の「目的」を伝えるかが重要です。

仕事とは本来、必ず目的があって行うものです。

それなのに部下にその目的を伝えることなく「あれをやれ」「これをやれ」と作業の指示ばかり出していると、部下はその作業の目的は何なのかがわかりません。目的がわからない作業はその意義を感じることも難しいといえます。するとどうしても、「私がこの仕事をやる意味はどこにあるのか？」と、自分がやっている作業に対して疑問を抱きがちになります。

やっかいなことに、こうしたマイナスの感情はチーム内で連鎖しやすいという特徴があります。部下一人のモチベーションの低下がチーム全体に伝播し、チームの雰囲気が停滞すると、チーム全体のパフォーマンスもなかなか上がらなくなっていきますが、多くの上司はこのことに気づいていません。

仕事の「目的」を伝えるということをやってこなかった上司のみなさんにとって、これから私がご説明する方法は少々めんどうに感じられるかもしれません。しかし部下がモチベーションを高め、チーム全体のパフォーマンスを高めるためには決して欠かせないステップだということをご理解ください。

目的の伝え方を学ぶ前に、「目的」と「目標」の違いについて考えておきましょう。

私の営む会社の研修やセミナーでは、参加者の方に「目的と目標の違いは何だと思いますか？」「あなたの仕事の目的はなんですか？」と尋ねることがあります。

仕事の目的を尋ねられた人の多くは、「私のチームの目的は今期5000万円の売り上げ目標を達成することです」といったように答えます。

このような回答パターンからも見てとれるように、一般に「目的」と「目標」は混同されていることが多いようです。しかし、この２つは明確に分けて考えたほうがいいのです。

目的と目標の違いについて私なりの解釈をご説明すると、目的というのは文字の通り「目指す的」です。**ビジネスにおいて「目的」という場合は、日々の仕事の先にあるゴールイメージのことだと考えられるでしょう。**よりかみ砕いて言えば、「私たちは日々行っている仕事の先に、どんな世界を思い描いているのか」が「仕事の目的」です。

一方、目標というのは、読んで字のごとく「目的に至る間にある道標（目印）」です。目指す世界に到達するまでの道のりの間には、たとえば「どれくらい売り上げるべきか（売上目標）」「いつまでに仕上げるべきか（納期目標）」「どのくらいのクオリティを追求すべきか（品質目標）」などがあります。こういった「目標」を置き、それを一つひとつクリアしていくことで少しずつ「目的」に近づいていくわけです。

このように整理してみると、「目的」と「目標」の位置づけも見えてきます。

目標というものは「会社の内側」「組織の内側」に置かれるものです。一方、目的というのは「会社の外側」「組織の外側」に置かれるものといえます。

会社全体の究極の目的は、会社の存在意義でもある経営理念です。それを具体化したものがビジョンです。3年、5年といった期間を区切って中期経営計画で経営ビジョンを策定する場合、それは3年後、5年後に実現したい理想像としてのゴールイメージを言語化した「目的」です。その会社の外側への貢献を果たすことで、会社の内側の売り上げや利益といった経営目標をクリアすることもできるのです。つまり、目的が上位概念で目標が下位概念であり、目的のない目標は意味をなさないのです。

これらの整理は一つの事業部や部署でも同じです。上司が部下に理解させるべきなのは、「目標」の前に「目的」です。

上司は「売り上げ目標を達成しろ」「納期を守れ」といったように、部下に「目標」を示しがちなもので、仕事の「目的」というのは職場であまり語られることがないのが実情ではないかと思います。

「目的」は抽象度が高く数値で測りにくいものが多い一方、「目標」は具体的な数値で測りやすいものが多く、人事評価にも直結するためなおさらです。

しかし冷静に考えれば、売上目標や納期で追い立てたところで、部下のモチベーション向上は期待できないでしょう。しぶしぶ「なんとかしなければ」「人事評価を下げられてはたまらない」とは思うかもしれませんが、「よし、やってやるぞ！」と前向きな気持を持たせるには、「目標」だけではダメなのです。部下がイキイキと働けるように動機形成するためには「目標」よりも「目的」を伝えることが非常に重要なポイントといえます。

チーム全体の目的と個々が担う役割を理解させる

部下に仕事の目的をどのように理解させるべきかを考えるとき、伝えなければならないポイントは2つあります。

一つは「チーム全体の目的」を伝えることです。チームビジョンというべきものです。組織が活動する結果としてどのような世界をつくり出すことを思い描いているのかを理解し、その「目指す世界」に共感してワクワクするとき、部下はチームの一員であることを誇りに感じ、帰属欲求を満たします。

もう一つは、部下一人ひとりに対し、「チーム全体の目的」と「部下が担っている役割」がどのように紐付いているのかを説明し、その「役割の目的」を伝えることです。特にその役割はその部下の持ち味が活きるものを設定し、他の部下よりその部下が適任であることを伝えるのです。こうしてチームの目的に共感すると同時に、その達成に向けて部下自身がチームの中で自分ならではの役割を担っていることをしっかり理解することが、「自分もチームの目的実現に貢献できる」という承認欲求を満たすことにつながります。

チームの目的を理解させ、個人の役割と紐付けて伝えていくことの重要性について具体的なイメージを持っていただくために、一つ事例をご紹介したいと思います。

私が応援しているNPO法人「キッズドア」は、「子供の貧困をなくす」というビジョンを掲げて活動しています。キッズドアの主な活動は、貧困などを背景として学習意欲が後退してしまっている子供たちにボランティアで学習支援を行うというものです。

キッズドアが行う活動はボランティアですから、十分なお給料が出るわけではありません。また、キッズドアの活動にはマニュアルもありません。そこで活動する人たちは、どのようなモチベーションを持っているのでしょうか？

私は、キッズドアで活動する若手の男性Cさんのお話に感銘を受けました。Cさんは高学歴の持ち主で、大手進学予備校で講師のアルバイトをしていた経験もある方です。Cさんが働いていた予備校には、指導方法のマニュアルがあり、子供の学力を引き上げるメソッドがしっかりと確立されていたといいます。そしてアルバイトの時給も高かったのだそうです。

しかし、Cさんはこの予備校のアルバイトに対する興味を徐々に失っていきました。「これでは、マニュアル通り決められたことをやっているだけ。自分ではなくても、できるのではないか？」という疑念が湧いてきたからです。

そんなときにたまたま彼が出会ったのが、キッズドアでした。

キッズドアで求められるのは、子供たちに自分なりに工夫して勉強を教えること、学ぶ意欲を取り戻させることです。具体的な方法は、ボランティア一人ひとりに任されています。

Cさんは、まず手作りの教科書をつくるなどの工夫をしてみたそうですが、子供たちはそもそも学ぶ意欲が失せてしまっている状態ですから、勉強させることそのものが難しかったといいます。そこでCさんは、子供たちと一緒に公園に行って遊び、「相互理解」を深めて子供たちと良好な関係性をつくることから始めることにしたのです。

　すると、子供たちの目が日を追うごとに輝き出しました。Cさんとの信頼関係が構築されると、勉強に対する意欲も持てるようになっていったといいます。彼が指導した子供の中には後に「高校受験に合格しました！」と報告に来てくれるケースもあり、強い働きがいを感じているといいます。

　Cさんはキッズドアのビジョンである「子供の貧困をなくす」に共感して、その目的をしっかりと理解しています。

　そして、キッズドアの目的のため、彼は子供たちの指導という具体的な役割を担っていますが、目的の達成のためのやり方はCさんにすべて任されています。

共感できる目的があり、その目的に紐付いた自分の役割があり、創意工夫して頑張ることで目的に向かって成果を上げているという実感が得られる。この一連のサイクルが、Cさんのモチベーションを極限まで高めていると私は感じました。

このエピソードは、あらゆる職場でもそのまま活用できるものだと私は思います。

上司がやるべきことは、「私たちのチームの目的は何か」「会社として、チームとして、1年後、2年後、3年後にどんな世界を目指して頑張るのか」を常に考え続け、部下とその「目的」について日々の業務の中で対話を重ねて納得してもらうこと。

そのうえで、「チームの目的を達成するために、あなたにはこの役割を担って頑張ってほしい」というように、部下一人ひとりに自分の仕事の目的を理解させることです。

この二つを着実に実践することができれば、部下のモチベーションは着実に高まっていきます。

チームの目的を言語化する方法

さて、読者のみなさんは「指示や命令をするのではなく、仕事の目的を伝えましょう」と言われて、どのように感じられたでしょうか？

「仕事の目的なんて、考えたことがなかったな」

「そもそもウチのチームのビジョンって何だっけ？」

そう思った人も少なくないでしょう。チームの目的を考え抜いて言語化するというのは、やったことがないと少々ハードルが高いと感じるかもしれません。

改めてチームの目的であるチームビジョンを考えるときは、次の五つのステップを踏んでいきましょう。

①チーム全体にとっての「お客さま」は誰かを考える
②その「お客さま」にどのような課題があるかを考える
③自分たちのチームにどんな強みがあるかを考える
④チームが「お客さま」の課題に対し、自分たちの強みを持ってどのようなアクション（行動）を取るかを考える
⑤チームのアクションによって、「お客さま」に対しどのような価値を提供するのかを考える

チームのお客さまは、誰でしょうか？　営業組織であれば、営業先となる個人や企業ですから、わかりやすいでしょう。では、人事や総務といった間接部門の場合はどうでしょうか？　この場合、お客さまは「自社の従業員の方々」ということになりますね。「お客さま」がイメージしにくいときは、「自分のチームが貢献する対象は誰か」を考えることで明確になるはずです。

みなさんのチームの仕事があるのは、その「お客さま」に何か困っていることがあるからです。その「困っていること」がお客さまの課題となります。

お客さまが解決したい課題に対して、自分のチームが貢献するためにはどんな持ち味を生かせばよいか、具体的にはどのように行動すべきか、そして最終的にどのような価値をお客さまに提供するのか？

このステップを一つひとつ言語化していけば、必ずチームのビジョンはクリアになります。ぜひ、取り組んでみてください。

任せるのは「作業」ではなく「仕事」

ここまで、部下に対して「チームの目的」と「自分がチームにおいて果たすべき役割」を伝えることについてご説明してきました。

部下のモチベーションを高めるためにもう一つ重要なのが、「作業」ではなく「仕事」を任せることです。

私が営む会社で上司のみなさんに向けた研修を実施する際、「チームの運営でどんなことに悩んでいますか?」と尋ねると、多くの方が部下に対する不満を口にします。

「部下が指示待ちばかりしていて、自分から動かない」

「部下は上司である私が指示したことしかやろうとしない」

「自分の頭で考えてほしいのに、判断が必要なことをすべて上司である自分に聞いてくる」

みなさんの中にも「そうそう、そうなんだよな」と頷いている方がたくさんいるのではないかと思います。

このような悩みを持つ上司の方々に詳しく仕事ぶりを尋ねてわかるのは、多くの上司が部下に「仕事」を任せず「作業」ばかりをやらせているということです。

本章の冒頭でも少し触れましたが、上司が「あれをやっておけ」「これをやれ」というように指示するだけだと、部下は言われたとおりにするしかありません。これは、チームの目的やチームにおける自分の役割を理解していない状態だと、上司が指示する作業の目的を考えることができず、工夫のしようがないからです。

結局、部下は上司の言うがままに「作業」を終えて上司に報告するしかできません。そこで上司に不服そうな顔をされてしまうと、もともと高くなかったモチベーションがさらに下がってしまう。気を利かせて指示以上のことをして一度でも「余計なことをするな」「そんなことを指示したのではない」などと叱責されようものなら、「もう指示以外のことはやらない」と心を閉ざしてしまう……。上司と部下の間で、このような負のサイクルが生じるのは日常茶飯事です。

みなさんはここで、「仕事」と「作業」を区別して考えられるようになりましょう。

私が言う「仕事」とは、目的に納得しており、工夫する余地があり、その人に任されたもののことをいいます。上司は部下に対して「仕事」を渡し、目的に対してどのように工夫するかを部下自身に任せるということを意識的に実践しなければなりません。

具体的な例を考えてみましょう。たとえば、リーダー10人が集まる会議が開催されるとします。上司であるあなたは、会議用の資料を部下に渡して「会議があるからこの資料を人数分コピーしておいて」と若手部下に頼むかもしれません。

これは単なる「作業」の指示です。おそらく指示された部下は、資料を10人分コピーし、あなたに「コピーを用意しました」と言って渡すだけで作業を終えるのみでしょう。

もしここで、上司が部下に「D会議室でリーダー会議が開かれるから、参加するリーダー10人のために資料を準備してほしい」と頼んだら、どうでしょうか？

会議が開かれる場所を教えてもらえば、「事前に会議室の机の上に資料を並べておこうか」と考えるかもしれません。リーダー会議だと聞けば「年配者が多く参加するんだな」と考え、文字が読みやすいよう拡大コピーをしようと思うかもしれません。ただ「10部コピーをとって」と言われるのと、「D会議室で開くリーダー会議がある、リーダー10人のために資料を準備してほしい」と頼まれるのとでは、工夫の余地が違うわけです。

実際の仕事の場面を想像すればすぐに気づくことですが、部下に上司から指示する場合、「D会議室で開くリーダー会議がある、リーダー10人のために資料を準備してほしい」と言うよりも、ただ「10部コピーをとって」と言うほうが上司の仕事としては簡単でしょう。作業を指示するだけなら、上司は「部下にどのように仕事を頼めばよいか」を考える必要がないからです。言い換えれば、部下に「仕事を任せる」ということは、仕事の目的と工夫の余地を上司がしっかり把握していなくてはできないことなのです。

上司が部下に「仕事を任せる」というのは、想像以上に大変です。おそらく、「作業を指示する」ほうが目先の業務はスムーズに進むでしょう。

それでも私が、部下に「作業」ではなく「仕事」を任せるべきだとおすすめするのは、仕事を任せることを続けていくことによって上司がだんだん楽になってくるからです。

作業をさせているだけでは、部下は工夫したり自主的に動いたりするきっかけがなく、なかなか成長しません。このため、常に上司に「お伺い」を立て続けることになります。そして上司は、ひっきりなしに部下に指示を出し続けなくてはならない状態に追い込まれ、「部下が指示待ちばかりで……」と嘆くことになるわけです。

目先は大変でも、目的を伝えて工夫の余地を持った状態で仕事を任せることを続けていく必要があることがおわかりいただけるでしょうか？　この過程を経てこそ、「指示待ち」ではなく、自律的に動く部下を育てることにつながるのです。

部下に「仕事を任せる」習慣を身につけることは、上司が自分をトレーニングすることにもなります。「部下に任せる仕事の目的は何か」「なぜこの部下に仕事を任せるのか」をきちんと考えなければ、「仕事を任せる」ことはできません。それを日々継続することが、部下に適切に仕事を任せる力を伸ばし、チームを成長させる筋力になっていくのです。

部下に仕事をどのように任せるのか、言語化するのが難しいと感じる人は、「お役立ち」を考えることをおすすめします。

仕事とは、すべて「誰かの役に立つこと」であるはずです。資料のコピーを用意するのは、リーダー会議に参加するメンバーのためでしょう。会議で議論するメンバーが喜んでくれることは何かを考えて資料を用意するように伝えることと、「目的と工夫の余地をセットにして仕事を渡す」ということは同義です。

先に「働きがい」の重要性について触れましたが、働きがいとは「人のために動く喜び」だということもできます。「あなたは誰のために、何を目的として仕事をするのか」を部下に伝え、考えさせ、働きがいを感じさせることが上司の仕事なのです。

なお、しつこく付け加えれば、新型コロナウィルス感染拡大後にリモートワークが急速に拡大したことを踏まえると、部下に「作業を指示」するのではなく「仕事を任せる」という上司としてのあるべき仕事のやり方は、より強く意識されるべきだと私は思います。

リモートワークでは部下の様子を身近で見ることができない状況で仕事をすることになりますから、一つひとつの仕事について必ず目的を添えて伝え、「あなたなりに工夫してください」と言って任せていく。

そうしないと、上司はつねにメールやチャットなどのコミニケーションツールを使って「作業の指示」をやり続けなくてはならなくなります。

多くの上司はプレイングマネジャーですから、このような状況に陥れば自分自身の業務が回らなくなるでしょう。ただ部下とすれば、遠隔で上司から「作業の指示」ばかりが飛んでくる状況では、それこそロボットのように動かされているだけだと感じ、仕事がつらくなってしまう可能性が高いといえます。リモートワークの中ではとりわけ、「仕事を任せる」ことが必須なのです。

「内発的動機づけ」を高めるにはここを押さえよ

部下にモチベーション高く仕事をしてもらうためには、どうやって「やる気」を出してもらうかも考えなくてはなりません。「やる気」というのはなかなか難しいもので、上司が部下に「やる気を出しなさい」と命令して出させることは不可能です。

部下の心の内側から「やる気」を湧き上がらせるには、どのようにして「やる気」が出るのか、その構造を理解することが必要になります。上司であるみなさんは、心理学的なことも多少は学んでおく必要があるでしょう。

一般に、モチベーションを高める「動機づけ」には、「外発的動機づけ」と「内発的動機づけ」があるとされます。

外発的動機づけというのは、文字通り「外から」働くものです。いわゆるアメとムチですね。ビジネスシーンで言うなら「会社から評価されたい」「より高い給料がほしい」「命令に従わなければならない」といったものを喚起し応えることが外発的動機づけにあたります。営業目標を設定し、それをクリアさせようとするのも外発的動機づけの一つです。

日本企業はこれまで、社員にやる気を出させようとするとき、外発的動機づけを多用してきたといえます。メンバーシップ型雇用の中、仕事の目的はあまり語られず、「組織のメンバーとして給料をもらっているんだから当然やるべきだ」という論理で説得して尻を叩きながら、何とかかんとか「やる気」を出させてきたというのが実情ではないでしょうか。

今マネジメントを担っている世代のみなさんは、「会社というのはそういうものだ」と納得し、その説得に従ってきたかもしれません。しかし先に述べたように、時代は大きく変わっています。

「会社の言うことなのだから黙って聞くべきだ」といった価値観を持ち合わせる人は減る一方です。終身雇用と年功序列が崩れ、会社へのロイヤリティが低下している今、

部下を外発的動機づけだけで管理すると、やらされ感を抱きかねません。

そこで上司が考えなければいけないのは、部下に内発的動機づけを与えることです。モチベーション研究の大家として知られる心理学者のエドワード・デシの研究によれば、内発的動機づけには二つの因子が必要とされています。

一つは「有能感」、つまり「自分にはできる」と感じることです。もう一つは「自己統制」、つまり「自分でコントロールできる」「自分に裁量がある」ということです。

このエドワード・デシの研究結果を私なりに「現場にどう生かすか」という観点で解釈すると、有能感は、部下に「ちょっと背伸びすればできそう」というイメージを持たせることがカギになると思います。部下に仕事を渡すときは、その部下の能力を見極め、「少し頑張ればできそうなこと」を任せるようにするのです。

自己統制については、お話ししてきた「工夫する余地」を持たせた状態で仕事を任せることが重要です。そして仕事を任せた以上、仕事の当事者は部下であり、上司は「管理職」ではなくあくまでも「支援職」であるというスタンスをつらぬきましょう。これらがうまく機能すれば、部下はきっと「やる気」をみなぎらせてくれるはずです。

図8

「やる気」の構造を理解する

外発的動機づけ	内発的動機づけ
目標設定（説得）	目標共有（納得）
×	×
無能感	有能感
×	×
他者統制	自己統制
×	×
上司の管理	上司の支援
＝	＝
「やらされ感」の蔓延	「やる気」の醸成

cf）エドワード・L.デシ

こんな話し方が部下のやる気に火をつける

部下に「仕事の目的」を伝えることの重要性を重ねてご説明してきましたが、「伝える」ときには「どのように話すか」が問題になります。話し方が稚拙だと、仕事の目的が部下に適切に伝わらない可能性があるでしょう。リーダーとしては、部下に「伝わる」話し方を学ぶことも必要です。

私は、リーダーの話し方において重要なのは「思い」「思いやり」「わかりやすさ」の三つだと考えています。

「思い」と「思いやり」については、少々、精神論のように聞こえるかもしれません。しかし「話し方」をトレーニングし実践していくうえで、「思い」と「思いやり」はつねに根底にあるべき重要なものです。安易な「話し方のテクニック」に走らないようにするためにも、強く意識しておく必要があります。

一つめの「思い」では、上司自身がチームを運営するうえで強い思いを持っているかどうかが問われます。

そのポイントは「主体性」です。「私はこう考える」「私はこう思う」「私はこうしてほしい」というように、「私」を主語にして話せるかどうかだと言い換えてもいいでしょう。

もしも、「こうしなさい!」「こうするように!」といった問答無用な話し方、「会社の方針だからこうしてほしい」といった伝書鳩のような話し方、「こうしておけばいいんじゃない?」「こうしておかないとまずいと思うけど」といった他人事のような話し方をすれば、部下はみなさんの「思い」を感じ取れないでしょう。部下の心を動かすためには自分の言葉で語ることです(図9)。

図9

思いの強さ

!

ポイントは

『**主体性**』

「**私**はこう考える」「**私**はこう思う」「**私**はこうしてほしい」。「**私**」を主語にして話すこと。

×やってしまいがちなNG例

問答無用型➡「こうしなさい!」「こうするように」

伝書鳩型　➡「会社（役員）の方針だから、こうしてほしい」

他人事型　➡「こうしておけばいいんじゃない?」
「こうしておかないとマズイと思うけど」

二つめの「思いやり」は、部下やチームやお客さまへの思いやりを持っているかどうかが問われます。

近年注目を集めているクラウドファンディングという手法について、考えてみてください。ただ「自分がこれをやりたいからお金を出してほしい」という人は、多くの共感を集めることができません。

一方、「誰かのためにこれをやりたいからお金を出してほしい」と訴える人に対しては感動や共感が集まりやすく、寄付をしようという人も出てくるものでしょう。

自分のことはさておき、誰かのために行動しようとする姿勢に人は感動するのです。

これこそが職位によらない影響力となり、リーダーシップの源泉でもあります。「他者への思いやり」は、人を動かす立場の上司として必ず持っておくべきものといえます。

思いやりを持って伝えるときのポイントは「愛他性」にあります。

部下に話をするときは、期待や配慮もあわせて伝えるように心がけましょう。

期待を伝えるというのはたとえば「なぜなら、あなたにこうなってほしいから」「なぜなら、お客さまはきっとこうなれると思うから」といった話し方のことです。

配慮については、「私もこんなふうにサポートするから」「困ったことがあればいつでも相談に乗るから」「どうしても難しい場合は一緒に別の方法を考えよう」といった言葉を添えることで伝わっていきます（図10）。

図10

思いやりの強さ

!

ポイントは
『愛他性』

背景にある「誰かのために」という気持ち、
相手への期待・配慮を伝えること。

期待

「なぜなら、あなた（お客さま）にこうなってほしいから」

「なぜなら、あなた（お客さま）はこうなれると思うから」

配慮

「私もこんなふうにサポートするから」

「困ったことがあればいつでも相談に乗るから」

「どうしても難しい場合は、一緒に別の方法を考えましょう」

三つめの「わかりやすさ」はテクニカルな部分です。

どんなに良い話も、相手に伝わりやすく話す、言い換えれば「わかりやすく話す」力がなければ、なかなか伝わりません。

リーダーは、言葉によって部下を動かしていくことが求められますから、わかりやすさとはどういうことかを考えて実践していく必要があります。

わかりやすく話すためのテクニックの解説は世にあふれていますが、基本的には起承転結を意識してストーリー性を持って伝えることが大切です。

あれもこれもと内容を詰め込みすぎないこと、話が本来伝えたい内容から大きく脱線することがないよう留意しましょう。

私が営む会社の研修やセミナーで、リーダー向けによくお伝えしているのは「ＰＲＥＰ法」です。

PREP法とは

①P＝POINT（結論）
②R＝Reason（理由）
③E＝Example（事例、具体例）
④P＝Point（結論を繰り返す）

という順番でメッセージを伝える手法のことをいいます。

具体例として、少し古いですが、私が「これこそPREP法だ」と感じた、あるドラマの場面をご紹介したいと思います。

以下は、NHK大河ドラマ「龍馬伝」第23話で、操練所から逃げ出してしまった仲間について、周囲が放っておくよう述べたときに福山雅治さん演じる坂本龍馬が反論するシーンのセリフを引用したものです。

①P＝POINT（結論）

「わしらは、たった200人しかおらんがじゃ！　たったの200人で、この日本の海軍をつくろうとしとるがじゃ！」

②R＝Reason（理由）

「アメリカ、フランス、イギリス、ロシア。異国は日本がばらばらになるがを待ちゅう！　日本をのっとる準備ができちゅう！　けんど、そうはさせん！　そうはさせんと心に決めたもんらがこの海軍操練所に集まっておるがじゃ！　おらんでええという人間はここには一人もおらん!!」

③E＝Example（事例、具体例）

「蒸気船は一人で動かすことはできんがじゃ！　帆を張る者、柵をひく者、釜を炊く者、風を見る者、海図を読む者、見張りをする者、旗を立てる者、飯を炊く者、壊れたところを直す者、誰一人、誰一人欠けたち、船を動かすことはできんがじゃよ！」

④P＝POINT（結論）

「わしらは、日本の海軍ゆう大きい大きい船を動かそうとしゆうがじゃ！」

上司の方々は、期初のミーティングなど、チームの方針を部下に向けて説明する機会が多々あると思います。

そのような場面では、ＰＲＥＰ法の枠組みに沿って話す内容を構成すれば、部下に自分の考えをよりわかりやすく伝えることができるようになるでしょう（図11）。

図11

ストーリー性を高めて話すPREP法 4つのステップ

ビジョンスピーチ作成シート

キーメッセージ（伝えたいこと、訴えたいこと）

方針｜「こうしていきたい」「こうしてほしい」という方針を最初に述べる。

理由｜「なぜ、そうしたいのか（そうしてもらいたいのか）」という目的や背景をきちんと説明する。

事例｜どのようなアクションを取っていくかを伝える。メンバーの強みを活かした活躍イメージ事例なども交えながら、具体的に説明することが大切。

方針｜そして、最後に再度方針を繰り返す。最初に伝えた内容との矛盾や食い違いが生じないようにすることが大切

STEP1 方針｜チームビジョンなどをもとに、「こうしていきたい」「こうしてほしい」という方針を最初に述べる

STEP2 理由｜「なぜそうしたいのか、そうしてほしいのか」という目的や背景をきちんと説明する。

STEP3 事例｜どのようなアクションを取っていくかを伝える。部下一人ひとりの強みを活かした活躍イメージ事例なども交えながら、具体的に説明することが大切。

STEP4 方針｜そして、最後に再度チームビジョンなどをもとにした方針を繰り返す。最初に伝えた内容との矛盾や食い違いがないようにすることが大切。

こうして部下の行動は確実に変わっていく

本章の最後に、私たちが営む会社で上司力鍛錬を支援したある企業のエピソードをご紹介したいと思います。

その企業では物品の配送業務にバイクを使っていたのですが、バイクの清掃が行き届かないことが長い間、問題になっていました。

お客さまに大切な物品を配送するのに、バイクが汚れたままでいいはずはなく、ときには管理職が手分けして部下が使用するバイクを1台30分ずつかけて掃除をしたこともあったといいます。

しかし、配送を担う社員はバイクの汚れにほとんど関心を持っていませんでした。管理職の方たちが掃除をしていたとき、参加したのはほんの数名。仕方なく「毎週〇曜日はバイク清掃日」というようにルールを決め、指示を出したものの、ルールを無視して掃除をしない社員も少なくありませんでした。

私たちはその企業の管理職を支援し、配送を担う現場の社員とじっくり懇談する機会を持ってもらいました。そこで「汚いバイクで物品を届けられるお客さまの気持ち」や「バイクの清掃・メンテナンスをしっかりすることが交通事故防止につながること」などについて時間をかけて話し合ってもらい、バイクの掃除が大切な理由を、企業の目的に立ち返って伝えていったのです。

そのような取り組みを始めてから半年ほどたったある日のこと、全国的に雪が降ってバイクが泥だらけになってしまった日の翌日、管理職の方が目にしたのは、バイクを一生懸命に掃除するたくさんの社員の姿でした。

なんの指示も出していないのに、その日、出勤していた78人のうち、なんと53人が自主的にバイクを磨いていたそうです。

この事例では、「バイクを掃除する」というルールをつくって指示をしても行動を変えなかった部下たちが、「掃除をするという仕事の目的」を理解したことで、自律的に動くようになりました。

指示待ちどころか、指示を聞かなかった部下でさえ動かすのが「仕事の目的」を伝えることのパワーです。

みなさんもぜひ、チームの仕事の目的をしっかり整理し、部下に伝えていってください。それを日々繰り返すことがチームのやる気を高め、いずれチームのパフォーマンスを飛躍させるでしょう。

第4章

「本物の『上司力』」ステップ③

それぞれが協働意識を持って働ける環境をつくる

組織づくりの要諦は「多様性」の理解

私が営む会社ではさまざまな企業・団体で「上司力研修」を実施していますが、マネジメント層のみなさんの悩みを聞く機会がたくさんあります。そのような場面で、「部下が指示待ち」「自律的に動いてくれない」といった悩みと並んでよく出るのは、「組織としてチームのメンバーが協力しあってほしいと考えているが、なかなかうまく連携してくれない」というものです。「部下同士の仲が悪いんですよね」とこぼす方も少なからずいます。

そこで3ステップめとして、「協働意識」を持って働ける環境づくりについてお話ししていきます。

多くの上司の方は、「チームのメンバーは自然にできるもの」だというイメージを持っているのかもしれません。しかし実際のところ、組織としてチームがしっかり目的を共有して進んでいくには、上司が何かしらの「仕掛け」をする必要があります。

上司の仕掛けによって、部下同士がお互いの役割を認識し、相互にどのような連携を取るべきなのかを理解できるようにしなければ、組織としてうまく機能するはずがないということをまず肝に銘じましょう。

これから組織づくりを進めていくにあたり、大前提としてみなさんに認識しておいていただきたいことがあります。それは、近年多くの場面で耳にするようになった「職場のダイバーシティ（多様性）」についてです。

ダイバーシティという言葉はみなさん聞かれたことがあると思いますが、「大企業やグローバル企業が勝手にやっていることであり、自分の職場には関係ない」と捉えている人もいるのではないでしょうか。しかしダイバーシティはすべての日本企業において目の前で起きている現象を表す言葉であり、その本質を理解することなくして組織はつくれません。

図12をご覧ください。

旧来型の会社組織はオスのライオンを中心メンバーとするピラミッド型のイメージです。日本企業の組織は、戦後の高度経済成長期に男女の役割分業をベースとしてつくられてきました。その役割分業の中では、男性は猛烈に働き、女性は結婚したら家庭に入って家を守ると言うのが一般的な姿になっていました。つまり、長きにわたり日本企業の組織の構成員は正社員の男性がそのほとんどを占めていたわけです。上司も部下も男性であり、「上司は自分より年齢が上」「部下は自分よりも年齢が下」というのが当たり前でした。

そしてこのような環境の中、男性正社員は家庭のことを配偶者に任せて仕事に邁進しました。そこで用いられたのは第3章でお話しした「外発的動機づけ」で、働く人たちは「終身雇用」「年功序列」「企業内組合」という日本型雇用の中、「ポスト」と「報酬」によって動機づけされ、上司が「右」と言えば右に、「左」と言えば左に向くのが当たり前という環境で過ごしてきました。

図12

**画一的な価値観で
統制される職場から
多様な価値観を活かしあう職場へ**

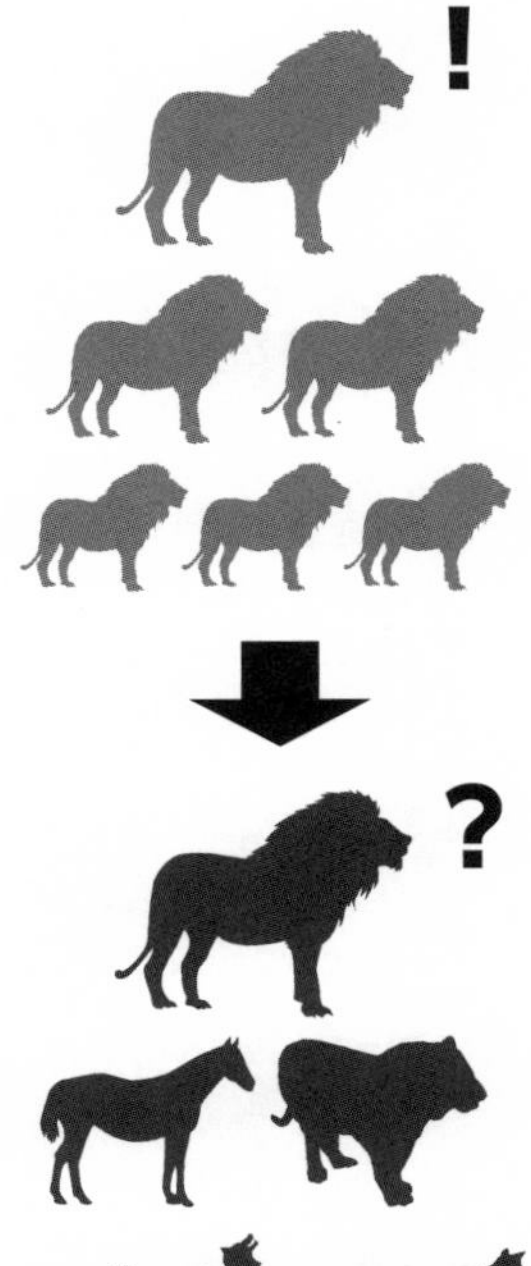

ダイバーシティ時代の到来

しかし平成から令和へと時代が移り変わり、このような状況はすべて過去のものになっています。少子高齢化が進み、日本は労働力の減少という問題に直面しています。企業が若手男性ばかりを新人として採用・育成し、ピラミッド型の組織を維持していたのは過去の話です。現在では、年齢も性別も国籍も多様な人々を採用し、貴重な労働力として活用していかなければ、企業は生き残っていけなくなっているのです。「1億総活躍」という言葉に象徴されるように、日本で暮らす人たちは総力戦で働くことを求められています。

産業構造の変化も職場の多様性を後押しする方向に働いていると言えるでしょう。昭和から平成初期頃までの間、日本の企業社会は製造業中心の時代にありました。しかし平成の間に産業構造は激変し、現在は企業の7割をサービス業が占める時代になっています。顧客が女性中心であったり、接客・販売などを伴うサービス業では男性よりも女性のほうが強みを発揮できる場合もあり、多くの企業が女性を積極的に採用してその能力を生かしたいと考えるのは自然な流れだといえます。また、旧来の会社の中核を担ってきた男性にはない発想を女性に求め、イノベーションを目指す企業も増えています。

「人生100年時代」と言われ、60歳以降も再雇用などで働き続ける人が増えていることも組織の多様性を高める方向に作用しています。一昔前の年功序列の世界では「年上の部下」は珍しい存在でしたが、今や上司と部下の年齢が逆転している状態はまったく珍しくありません。

雇用形態も多様化が進み、非正規雇用の方が職場で正規雇用のメンバーと並んで仕事をする様子はごく一般的になりました。

ダイバーシティについて、「お題目として推進しているふりをするもの」だと思っている人は、現実を見誤っています。ダイバーシティの進展は、すでにみなさんの目の前で起きている現実なのです。

さて、かつてオスのライオンでピラミッド型に構成されていた組織で「若手」だった人たちは、20～30年経った今、組織のマネジメント層になりました。本書を読んでいるみなさんの多くは、おそらくオスライオンピラミッド型のような組織のイメージを持って社会に踏み出した世代ではないかと思います。

みなさんが若かった頃は、まだ組織の中核メンバーはオスライオンばかりだったわけですから、「しのごの言うな、黙って我慢してやれ」と強権を発動すれば上司は部下であるみなさんを動かすことができました。終身雇用が保障され、年功序列であとから給与も上がっていく見込みがあったからなおさらですね。

しかし多様な価値観を持つメンバーが集まっている現代の職場では、このような仕事のやり方は通用しなくなっています。

上の世代のマネジメント手法を見よう見まねで踏襲しても、組織を動かすことはできなくなっているのです。

「ピラミッド型組織」から「サークル型組織」へ

昔は、組織の問題について上司はさほど悩む必要がなかったでしょう。動機づけは「ポスト」と「報酬」によって行われており、企業で働く人は「頑張って働いていればいずれは出世して給料も上がる」と言うことを無条件に信じることができました。

しかし今となっては、読者のみなさんを含め、「我慢して働き続けていればいずれは出世して給料が上がる」などということを信じている人は少ないでしょう。

ここで、第3章で学んだことを思い出してください。人がモチベーション高く企業で働くためには、組織の目的を理解し、その中で一人ひとりがどのような役割を担うのかが明確であることが必要なのでしたね。改めて整理するなら、今の時代に動機づけとして必要なのは「組織の目的」と「個々の尊重」ということができます。

そして、そのような動機づけを可能にするためには、**図13**のように「組織の目的を中心に置き、多様なメンバー一人ひとりに重要な役割が与えられたサークル型組織」をつくることが必要です。組織の構造をサークル型で捉えるのは、上司と部下の間に人間としての上下関係はないということを強く意識していただきたいからです。**ピラミッド型の組織では上司と部下は異なる階層にいましたが、サークル型組織では階層の違いはありません。**上司も部下も、上下関係のない組織の一員であり、それぞれに役割を担っているのだと考えましょう。

具体的には、上司はサークル型組織において「経営層とのパイプ役」「チーム全体を束ね動かす」という役割を担っています。部下は一定領域を上司から任せられ、自分の持ち味を出して、任せられた領域において成果を出す役割を担います。繰り返しになりますが、上司はあくまで「役割」です。みなさんも、ここで「自分はピラミッドの頂点に立っているわけではないのだ」ということをしっかり腹落ちさせましょう。

図13

「ポスト」と「報酬」で動機付けする
ピラミッド組織から
「組織の目的」と「個々の尊重」で
動機づけするサークル組織へ

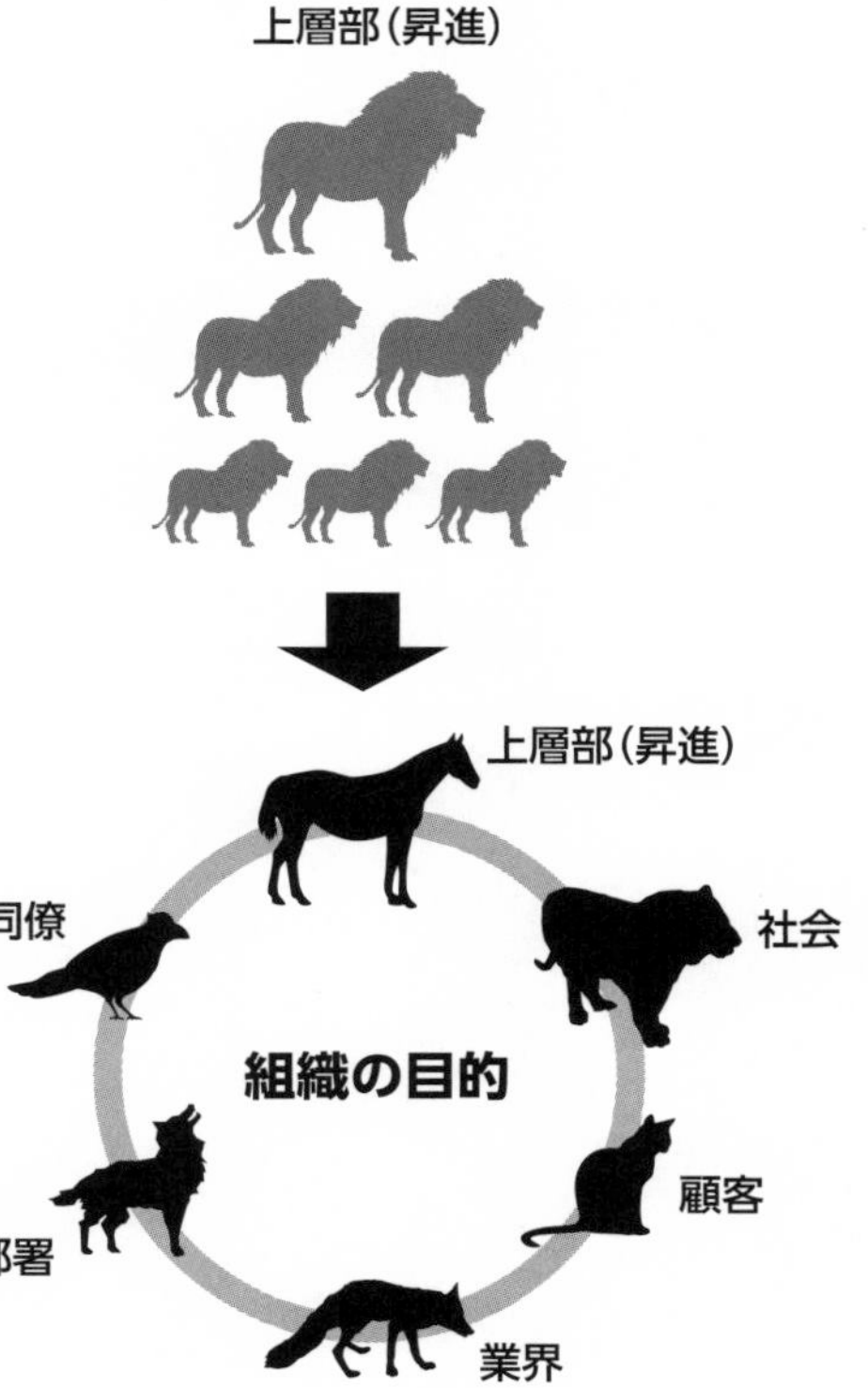

「組織づくり」ができるかどうかが上司力を左右する

組織のイメージがつかめたところで、「組織のつくり方」をご説明していきたいと思います。

「組織というのはもともと存在するものであって、自分がつくるものではないのでは？」と思う方は多いでしょう。実際、他の組織から異動してきてリーダーになる場合も、組織の中で昇格してリーダーになる場合も、メンバーを自分で選べることはほとんどありません。組織が「与えられたもの」であるというのも、一面では正しい理解です。しかし、本章の冒頭で述べたように、**組織があるだけで部下たちが勝手に連携して成果を上げるなどということはまずありません。**

上司が組織の目的を明確にし、その目的に部下が共感して動機づけされることに加え、一人ひとりに組織の目的達成を目指すための重要な役割を割り振り、「あなたの持ち味を活かして、組織の目的達成のためにこの仕事をやってほしい」と伝えて「組織の目的」と「個人の役割」をつなげる。さらに組織の全体像を部下たちに見せて「このメンバー、この組織で目的達成を目指すのだ」と方向性を示して、初めて組織は組織として機能するようになるのです。そしてこれこそが、私のいう「組織づくり」です。

組織づくりの重要なポイントは、組織の目的と個人の役割が「つながる」ことです。

さきほどサークル型組織の概念をご説明する際、「組織の目的を中心に置く」と述べましたが、これを経営理念の唱和のようなものとイメージする人が少なくありません。会社として最上位の目的である経営理念はもちろん、みなさんが受け持つ組織の目的であっても、いくら経営者や上司が口酸っぱく繰り返したところで、「それをどのように達成するのか」「自分は達成のために何ができるのか」がイメージできないと「雲の上の話」「馬耳東風」ということになりがちなもの。部下たちに「自分がやっている仕事が組織の目的達成にどう関わっているのか」をしっかり理解させて、初めて組織の目的は部下の心に響くのです。

一人ひとりのミッションがわかる「組織図」

会社で働くということは、所属する組織を通じて世の中に貢献していくことです。これは逆にいえば、部下一人ひとりの世の中への貢献を媒介する存在が「企業」であり「組織」であるということです。そして、「世の中への貢献」とは、言い換えれば「働く人が一人ひとり持っているミッション（使命）」となります。

私は、上司の重要な仕事の一つは、部下一人ひとりがそれぞれ重要なミッションを持って働いているのだということを気づかせることだと考えています。

特に中高年向けにキャリア研修を実施する場合、私が営む会社では、参加者のみなさんに「あなたの使命、つまり『一つしかない大切な自分の命をどう使うか』をしっかり考えましょう」と伝えています。それは、かけがえのない自分の人生を使うのだと考えて仕事に動機づけされることのパワーが非常に強く、ひとたび「自分には使命があるのだ」と感じることができれば、少々のことでは揺らがずに働けるようになるからです。組織において、上司が部下一人ひとりに使命を理解させることができれば、部下たちは前のめりになり、自然に強いチームへと変化していくでしょう。

組織づくりの具体的なステップは、仮想の営業組織図の例（図14）を見ながら学んでいきましょう。

組織の一番上には、「目的」と「目標」を置きます。この事例では、「お客様の販売30％アップ」というのが目的で、「売上目標30％アップを達成しよう」というのが目標です。お客さまへの貢献を売上で図るという観点では、「販売30％アップ」は「貢献が30％アップ」するのと同義であることを留意してください。営業によって製品・サービスをより多くお客さまに提供し、喜んでもらうということが組織の目的であり、その目的の達成度合いの目印となるのが「売上目標」である、という関係性を部下にしっかり理解してもらうよう説明することが求められます。

目的と目標を置いたら、さっそく組織づくりに取りかかりましょう。

まず、みなさんの組織にいる部下の顔を思い浮かべてみてください。「入社3年目の鈴木さんは、かわいげ力を活かして前向きに頑張っているけれど、最近、若手だからと任せていた課内行事の運営まで手が回らなくなってきているな」「入社1年目の田中さんはまだ経験が浅くて、人前で話すのは得意だけれどプレゼン資料をつくるのに四苦八苦しているようだ」「そういえば営業成績トップで15年目のベテラン・木下さんもプレゼン資料づくりは苦手で、いつもクリエイティブな提案が得意な入社6年目の橋本さんを頼っているな」「売上目標30%アップを達成するとなると、みんないっそう忙しくなりそうだ。庶務の中川さんに経費処理をできるだけ任せて、みんなの業務負荷を軽くできないか」……。

メンバーは一人ひとり、得手不得手があるものであり、すべての業務をパーフェクトにこなせる人はいません。逆に、欠点ばかりが目立つ部下であっても、じっくり「持ち味」を考えれば「こんな仕事を任せれば、組織に貢献してもらえる」ということが見つかるものです。一人ひとりの持ち味を見出し強みに変換させるのも「上司

図14

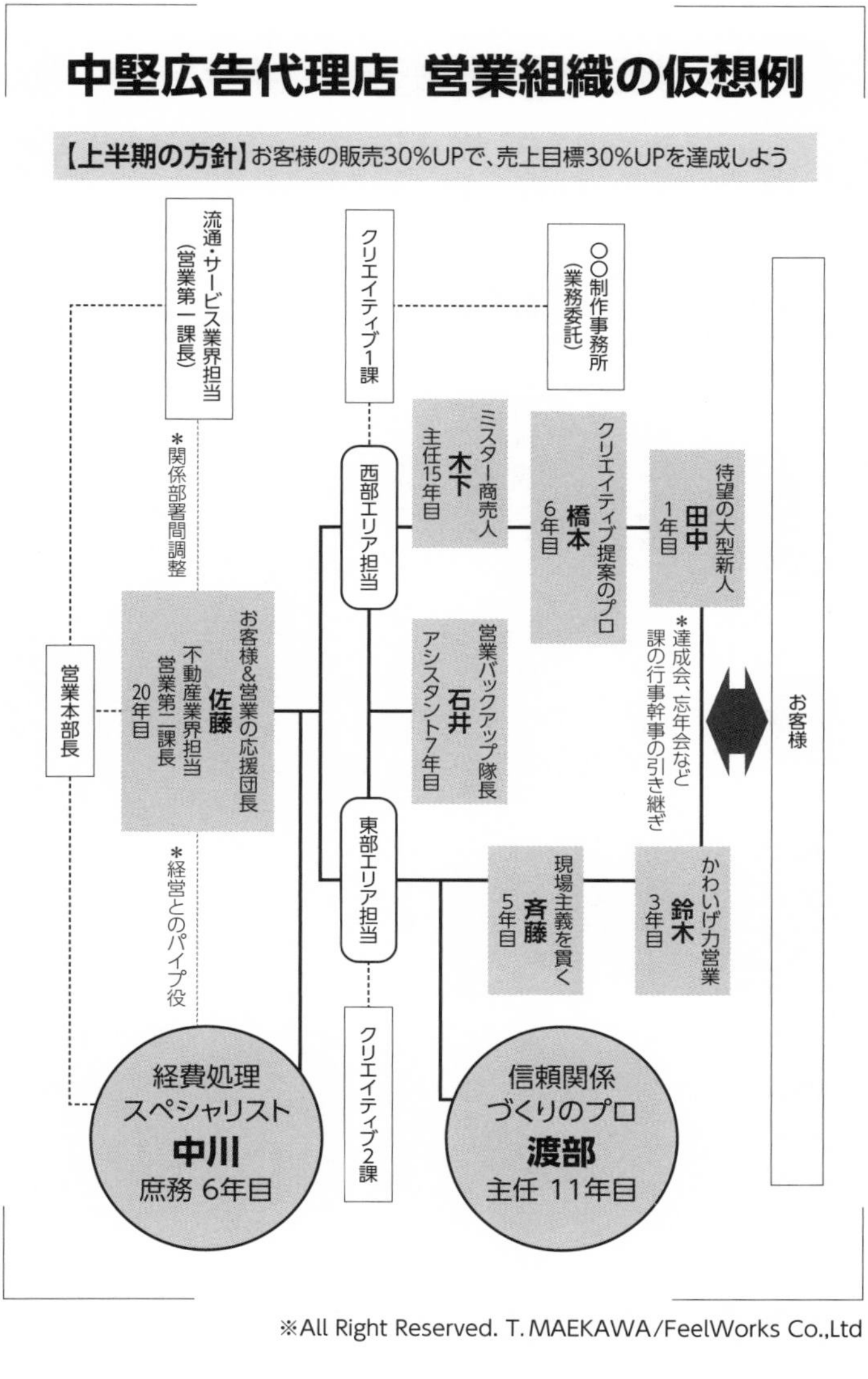
中堅広告代理店 営業組織の仮想例
【上半期の方針】お客様の販売30%UPで、売上目標30%UPを達成しよう
流通・サービス業界担当（営業第一課長）
クリエイティブ1課
〇〇制作事務所（業務委託）
＊関係部署間調整
西部エリア担当
ミスター商売人 木下 主任15年目
クリエイティブ提案のプロ 橋本 6年目
待望の大型新人 田中 1年目
営業本部長
お客様&営業の応援団長 佐藤 不動産業界担当 営業第二課長 20年目
営業バックアップ隊長 石井 アシスタント7年目
＊達成会、忘年会など課の行事幹事の引き継ぎ
お客様
東部エリア担当
現場主義を貫く 斉藤 5年目
かわいげ力営業 鈴木 3年目
＊経営とのパイプ役
クリエイティブ2課
経費処理スペシャリスト 中川 庶務 6年目
信頼関係づくりのプロ 渡部 主任 11年目

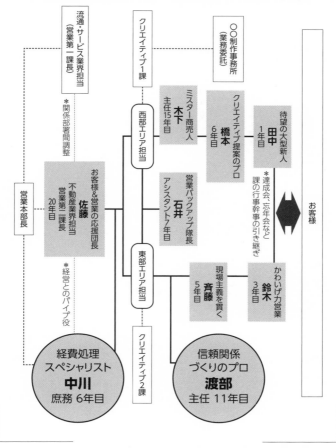

力」です。

組織づくりの要諦は、部下一人ひとりの強みと弱みを把握し、メンバー同士で補完しあえる布陣を考えることにあります。「お互いに協力してくれればいいのに」ではなく、メンバーがうまく協力しながら組織が機能し、パフォーマンスが上がっていくよう、組織を設計するのが上司の腕の見せどころといってもいいでしょう。

上司はどうしても部下の「できないところ」ばかり見てしまいがちなものですが、「強みと弱みを互いに補完させる」という視点を持てば、「クリエイティブな提案が得意な橋本さんは資料作りに集中させて、新人ながら話しぶりが魅力的な田中さんとタッグを組ませよう」などと考えることもできます。もちろん、若手社員の場合は得意・不得意にかかわらずさまざまな経験を積ませ、ビジネスの基礎力をつけたり、周囲の人たちがどのような仕事を担っているかを理解させたりすることも必要かもしれません。しかし基礎力を鍛えたうえでなら、より得意な仕事に力を注いでもらったほうが組織全体のパフォーマンスがアップします。日本企業がこれからジョブ型を取り入れていくという観点でも、営業課のメンバーが全員、営業も資料作りも経費処理もこなすというような働き方ではなく、一人ひとりの強みを活かした業務を明確に任せてそこに集中させるという考え方が必要でしょう。

メンバー一人ひとりの強みと弱みを思い浮かべつつ、次に考えるのは「どう役割分担するか」です。各メンバーの役割やメンバー同士の連携を可視化するため、組織図を描いていきます。一般的な組織図は階層構造になっているケースが多いのですが、みなさんが描くべきは役割と業務内容をベースとしたフラットな図です。仮想の営業組織の例を見て、自分のチームならどんな組織図になりそうかを考えてみましょう。

組織図には、現場のメンバー全員の他、外部スタッフやパートナー企業、必要であれば連携する他の組織なども入れておきましょう。役割分担を考える際には、組織の目的と目標をどうすれば達成できるかというところにつねに立ち返ってください。

これはつまり、目的と目標の実現のために必要な役割にはどんなものがあるか、それを部下の誰に担ってもらうべきかという順番で組織図を考えていくということです。

組織図にメンバーの名前を書き込む際は、そのメンバーの強みと強みが発揮できる役割が一言でわかるよう、「経費処理のスペシャリスト」「信頼関係づくりのプロ」「待望の大型新人」「ミスター商売人」といったようなキャッチフレーズを入れるのがおすすめです。

次に、連携するメンバー同士を線で結んでいきます。線で結ばれたメンバーが一緒に仕事をしているところを想像してみてください。弱みを補完しあいそうでしょうか？　メンバー同士のコミュニケーションは、はうまくいきそうですか？

部下一人ひとりの強みや弱みはもちろん、資質や価値観なども踏まえ、違和感がないかどうかをじっくり考えてください。また、それぞれのメンバーが、役割を担うことによってどう成長できるかという視点でも見てみましょう。組織図を描くことは非常に重要なステップですから、納得がいくまで練り直してください。

このようにしてつくった組織図は、メンバー全員で共有しましょう。

組織図をつくること自体が目的なのではなく、大切なのは部下全員が組織の目的と目標を共有し、それに対して誰がどんな役割を担っているかを可視化して理解するこ

とだというのを忘れないでください。

組織図を全員に見せることにより、一人ひとりが自分なりの役割や連携する相手を確認し、目的や目標に対してどう行動すべきかを理解してもらいやすくなります。

また、組織図は必ず全員が集まる場で提示し、みなさん自身の言葉で、部下一人ひとりにどんな役割を期待しているか、誰と誰により連携を深めてほしいかなど、組織図に込めた思いを説明しましょう。なお、組織に新しいメンバーが配属された場合は速やかに組織図を更新して再度共有してください。

こうして組織図を描いてみると、組織の仕事というのは決して一人ではなし得ないものだということが腹に落ちるのではないかと思います。

私は、組織について考えるとき、いつも『おおきなかぶ』という絵本を思い出します。この絵本では、おじいさん、おばあさん、孫娘が次々に登場し、全員が蕪を抜こうと試みるのですが、蕪はなかなか抜けません。犬が手伝っても、猫が手伝っても抜けずにいたところ、最後にネズミが出てきて全員が力を合わせたら見事に抜けた……

というシンプルなお話です。

絵本に登場するのが、おじいさん、おばあさん、孫娘、犬、猫など、力の弱い人や動物ばかりだというところがミソです。一人ひとりの力は弱くても、みんなが力を合わせることでおおきなかぶが抜けるということをこの絵本は伝えています。これこそ、チームで働くことの醍醐味ではないでしょうか。

経営学者ピーター・ドラッカーは、「組織とは、平凡をして非凡なさしめるもの」だと言っています。会社組織というのは基本的に「普通の人たち」で構成されており、飛び抜けたスーパーマンはいないものでしょう。その「普通の人たち」が共通の目的のために協力することにより、非凡な成果を上げることが可能になります。そして、非凡な成果を上げられるようチームをまとめるのが「上司力」なのです。

「あなただから」から生まれるもの

みなさんは、心理学者エイブラハム・マズローによる「欲求五段階論」をご存知でしょうか。マズローは、人間の欲求は五段階の階層をなしていると説明しています（図15）。下から順に見ていくと、

①生理欲求……食べたい、飲みたい、眠りたいといった最も基本的な欲求
②安全欲求……自分の生命や財産などを安全で安定した状態に置きたいという欲求
③社会（帰属）欲求……仲間に入れてもらいたい、愛されたいという欲求
④承認欲求……他人から尊敬されたい、自分を価値ある存在だと認められたいという欲求

図15

組織に帰属し
承認されることが大切

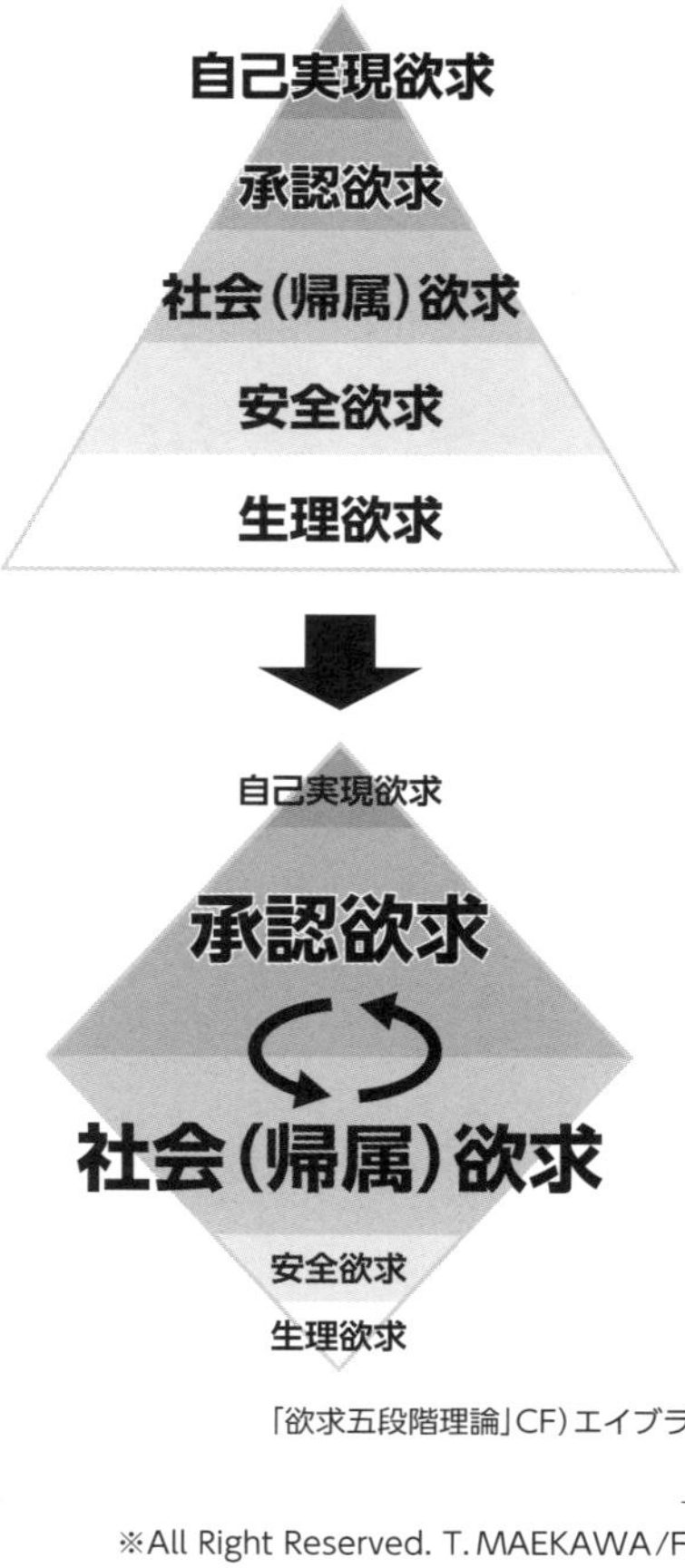

「欲求五段階理論」CF) エイブラハム・マズロー

⑤自己実現欲求……自分の持って生まれた能力を最大限に伸ばし、発揮したいという欲求

とされており、上位の欲求は、下位の欲求がある程度満たされて初めて呼び起こされるものと説明されています。みなさんの部下は会社に勤めて職を持っているわけですから、「生理的欲求」「安全欲求」は満たされていると考えていいでしょう。そこで次の段階として生じるのが「社会（帰属）欲求」、そして「承認欲求」であり、これが満たされることで部下は充足感を得られると考えられます。

「社会（帰属）欲求」を満たしてくれるのは、部下が組織の目的を理解し、その一員であることに満足することです。

共感できる素晴らしい目的を持ったチームのメンバーであるという事によって、部下は社会（帰属）欲求を満たすことができます。

なお、クラウドファンディングなどを通じて寄付をし、自分が共感する農家などを応援するという行動は、クラウドファンディングというものがそれを通じて「素晴ら

しい組織に貢献し、帰属している」と感じられるからだと説明することができます。

「承認欲求」を満たしてくれるのは、「かけがえのないあなただから」と言われて組織において重要な役割を担うことによって満たされます。自分だからこその役割を持つということは、そのまま自分の尊厳が認められているという実感につながるからです。

どれだけ「自分は役立っている」と感じさせるか

人間は、「お客さまに対して自分が貢献できている」「自分が社会の役に立っている」「誰かの笑顔に自分の仕事がつながっている」などと感じられるからこそ仕事を頑張ることができます。自分が頑張ることで誰かが喜んでくれる、それこそが働きがいだと言っても良いでしょう。

この点、上司が考えたいのは、「自分が役立っている」と感じる機会は実はそう多くはないということです。

職場で広がりやすい情報というのは、「お客さまが喜んでくれてありがとうと言われた」「チームの中でお互いに助け合うことができた」といったポジティブな情報ではなく、どちらかと言えばネガティブな情報のほうが蔓延しやすいものです。

たとえばお客さまのクレームを受ける職場などでは、「私はここまでクレーム対応しているのに、隣の席の人は面倒な対応をしていない」といったように、周囲への文句などのほうが組織の中では広がってしまいやすいのです。そもそも、お客さまが連絡してくるときというのは、感謝しているときよりもクレームを言いたいときのほうが多いわけです。困っているときだからこそ何かを訴えたいと思って連絡をしてくるというのは当たり前のことでしょう。そして、感謝の言葉を聞くことがなく、お客さまのクレームばかり耳にしていると、「私たちの仕事は一体何の役に立っているのか」「お客さまがまた怒っていた」といった情報が蔓延し、組織の中でメンバー同士が責任のなすり合いをし始めたりします。これは最悪の状況です。

そのような事態を防ぐため、「自分が役立っている」と感じられる場面を演出するのも上司の仕事です。第1章でも述べましたが、お客さまやメンバー同士で「助かったよ」「ありがとう」といった言葉が行き交うことがないのであれば、積極的にそのような言葉をかけ合うような仕掛けをつくるのです。

やり方は非常にシンプルです。組織全体のミーティングなどで、お客さまからのクレーム情報を共有するだけでなく、お客さまに喜んでもらえた情報やメンバーに感謝したエピソードなども意図的に共有するコーナーを設けるのです。これは、週に10分程度でも十分に効果があります。

私が尊敬する経営者が営む通販会社では、毎日朝礼をしており、その場でお客さまから「ありがとう」と言われたエピソードを共有しているそうです。もともとクレームを受けやすい傾向のあるビジネスを展開している会社なのですが、ありがとうの共有等の取り組みによりお互いに感謝しあうというポジティブな組織風土ができているため、クレームが多いからといって組織の中にネガティブな空気がはびこることはありません。

心理学でいうところの「返報性の法則」により、人は「ありがとう」と言われると、そのことに「借り」を感じ、相手に「ありがとう」を返したいと思うようになります。

つまり、「ありがとう」と言い合う組織をつくる仕掛けを動かし始めれば、確実にプラスの連鎖が起きていくのです。上司である皆さんは、この連鎖を起こすべく、積極的に組織の中で相互に感謝する風土が生まれるよう、仕掛けを考え実践していかなければなりません。

特に近年はリモートワークが進み、部下たちは自宅などで自分の仕事を1人で黙々とやるという状況になってしまいがちで、張り合いを感じにくいと言えます。

「自分は誰かの役に立っている」ということを実感させる仕掛けの必要性は、ウィズ＆アフターコロナ時代にはいっそう高まっていると言えるでしょう。

上司力が問われる「叱る」「怒る」「褒める」

組織を運営していくうえでは、上司として部下を叱ったり、ときには怒ったりすることも必要です。もちろん、部下を褒めることも大切でしょう。

しかし「叱る」「怒る」「褒める」というのはなかなか難易度が高いもので、どのように叱ったり怒ったりするかというところに上司力が表れるともいえます。

叱ったり怒ったりすることについて考える前に、近年の上司が置かれている状況を改めて考えてみましょう。

パワハラ防止法が施行されたこともあり、近年は「アンガーマネジメント」が非常に多くの企業で採用されています。アンガーマネジメントが流行とも言えるほど広がっているのは、単に法令順守の観点のみではなく、やはり企業が置かれている状況が大きく変わったからだと思います。

かつては上司からパワハラまがいの言葉をかけられたとしても、部下はじっと我慢すれば、終身雇用と年功序列の中でいずれ出世し、給料が上がり、退職金も入るという考え方が成立していました。しかし再三申し上げているように、現在その理屈は通用しなくなっており、若年層を中心に「我慢はしたくない、頑張った分はすぐリターンがほしい」という欲求が高まっています。当然、パワハラまがいの言動を我慢して受け止めるなどという考えはありません。

一方で、近年は「ハラスメントになるような言動はご法度」ということが社会的に認知されるようになりました。これにより、ハラスメントの受け手となりうる部下の側は、自分が違和感を覚えたり傷ついたりしたとき、すぐに「それはハラスメントではないのですか？」と口にしやすくなったと言えます。

そのような環境の中、企業や企業のマネジメント層は、部下に怒りをぶつけることに対して非常に過敏になっており、怒りを抑える「アンガーマネジメント」が求められるようになってきたのではないかと思います。

アンガーマネジメントは、「怒りを感じたら6秒待つ」といったことなどを学び実践していくというもので、技術的にはさほど難しくありません。それを学び身につけることの意義はあるでしょう。

しかしその一方で懸念するのは、上司のみなさんが「上司たるもの、感情を抑えるべきである」と思ってしまってはいないかということです。

感情を抑え込むというのは人間として自然な姿とは思えませんし、「上司が部下の心を動かす」という点から考えれば、ときには上司が感情をあらわにすることも必要だと私は考えています。

本書の読者のみなさんには、「叱ることなど一切まかりならん」というふうには考えないでいただきたいと思います。そもそも、上司と部下の間に信頼関係ができていれば、叱ったところでハラスメントだという話にはならない場合も多いのです。

重要なのは部下を叱るとき、「私が部下を叱ることが部下自身のためになっている

だろうか」と自問自答することです。私が考えるダメな叱り方は、上司自身が保身のため、あるいは上層部からの評価を上げるために「こんなミスをして一体どうしてくれるのか」などと言う場合です。このような叱り方は、部下の心を閉ざしてしまうでしょう。

部下を叱るのは、それが人材育成の観点から部下自身の成長や活躍につながると信じられる場面であるべきです。たとえば具体的に言うなら、部下自身がやると言ったことを中途半端な状態で投げ出したとき「そんな仕事ぶりではあなた自身の信用を失ってしまう」「こんなことではあなた自身のスキルアップにならない」と叱ることは、必要ではないかと思います。

一方、怒りというのは、叱るのに比べると感情的になっている度合いが高いといえます。「上司たるもの、叱るのはいいが怒ってはだめだ」とアドバイスする人もいるようです。

しかし私は、上司が本気で怒ったときは、感情を出してもいいと考えています。ただしこれも「部下のためを思えばこそという場面であれば」という条件付きです。部下を思っていることであれば、烈火のごとく怒っても良いのです。私は本物の優しさは厳しい愛だと考えています。

褒めることに関しては近年、「非常に大事だ」という認識が広まっています。褒めることに関する民間の検定が設けられるほどで、多くのベテランマネジメント層の方たちが、「とにかく部下を褒めなければならない」と躍起になっている会社もあります。**褒めることは確かに大切ですが、私は「褒めすぎ」にも注意しなければならないと思っています。**これは先に少し触れた「承認欲求」の問題と関連します。

組織学者・経営学者である同志社大学の太田肇教授は、その著書『「承認欲求」の呪縛』(新潮新書)において、現代人が承認欲求に縛られて身動きがとれなくなっているということを指摘しています。

私がなるほどと思ったのは、この本の中に出ていたある病院の事例です。その病院では、看護師など医療従事者の方は求人が多いため転職しやすく離職率が高いという課題に対して、ある策を練りました。病院の経営効率を高めるのが難しく給与のアップがしづらい中、医療従事者をもっと褒めようと考えたのです。具体的には、「最優秀職員賞」を設け、定期的に表彰するといった取り組みを行っていました。

ところが蓋を開けてみると、この賞を受賞した人のほうが比較的短い期間で辞めていくという現象が起きていたのです。その理由を追跡調査した結果わかったのは、褒められて表彰されることにより「次はもっと頑張らねばならない」というプレッシャーを感じ、それに耐えられなくなって辞めていく人が多いという事実でした。表彰されるほどの人ですから、責任感も高かったのでしょう。「表彰を受けたけれど、これ以上はもう頑張れない」と感じ、病院を辞めていってしまったのです。この事例からは、褒めることの難しさが窺えるのではないかと思います。

部下を褒める際には、あまりに大げさな褒め方をして過大な期待をかけてしまうと、プレッシャーでつぶれてしまう恐れもあります。

一人ひとりの状態や気持ちをよく考え、適度なプレッシャーになるよう、褒め方に配慮することも必要でしょう。

もう一つ留意しておきたいのは、ネット社会化したことにより、すべての人がネットの影響から逃れられないようになり、なかなか難しい現象が起きていることです。

一つは、「フィルターバブル」と呼ばれる現象です。これはインターネット活動家であるイーライ・パリサーがつくったキーワードであり、インターネットの検索サイトが提供するアルゴリズムが、各ユーザーが見たくないような情報を遮断する機能（フィルター）のせいで、まるで「泡」（バブル）の中に包まれたように、自分が見たい情報しか見えなくなることをいいます。

フィルターバブルにより、人はネット上で自分の観点に合わない情報から隔離され、同じ意見を持つ人々同士で群れ集まるようになり、それぞれの集団ごとで文化的・思想的な皮膜（バブル）の中に孤立するようになっていきます。

もう一つは、「エコーチェンバー現象」です。これは自分と同じ意見があらゆる方向から返ってくるような閉じたコミュニティで、同じ意見の人々とのコミュニケーションを繰り返すことによって、自分の意見が増幅・強化される現象のことをいいます。

自己暗示が考え方が似たもの同士によってより強くなっていくということでしょう。

インターネットが一気に広がり始めた2000年代の前半、私はちょうど前職でウェブサイトの編集長を務めていました。「これによって人間は世界中の情報に自由にアクセスできるようになり、視野が広がる」と考えました。多くの人が私と同じように感じていたのではないかと思います。

ところがフィルターバブルやエコーチェンバー現象はそのような期待とはまったく逆の効果をもたらしています。現在はグーグルやアマゾンなどで行動履歴をもとにしたリコメンドが行われています。すると、自分が興味関心のある情報にしか目が行きにくくなります。

さらに若年層は、SNSを通じて自分と価値観が似通った人たちと強くつながっているという特徴があります。そのコミュニティの中で「いいね」と言われ続ければ、他のコミュニティに行ったときにそれが「いいね」と言われるとは限らないということが理解しづらくなるわけです。

40代以上の方々向けに上司力研修を行っていると多くの上司の方から「いまどきの若者は、どうしてあそこまで自信を持って自分が正しいと思い込むことができるのか、不思議だ」という声をよく聞きます。

フィルターバブルやエコーチェンバー現象について知識を持っておくと、そのような若者の姿勢の背景が少しは理解できるのではないでしょうか。余談ですが、世界中で分断や対立が広がっているのもこれらの影響からかもしれません。

上司としては部下を無理に褒めてしまい「この人も自分のことを認めてくれている。自分の考えは間違っていない」という考えを強化してしまうのは考えものです。人は多様性の中で異質に触れ学んでこそ視野を拡げ成長していくものです。年長者としてより広い世界を見せ、「あなたがネット上で見ている狭い世界とはまったく異なる場もあるのだ」ということを教えることも上司の役割かもしれません。

もちろん、部下を褒めるべきときはしっかり褒めましょう。そのときに大事なのは「具体的に褒める」ということです。特に**TPO（タイミング、場所、状況）を具体**

化することを意識してください。

私が聞いた失敗談で、ある50代の部長が「頑張っている現場の部下を褒めなければ」と考え、職場をうろうろして「課長から聞いたけど、あなたは頑張っているね」などと声をかけたというケースがあります。残念ながら、部長さんがせっかく褒めたのに、現場の部下たちはかえってモチベーションを下げてしまったといいます。

実は、部長が急に職場にやってきて褒めてくれたものの、本当に大変だったのはその前の週。その現場も見ないまま「頑張っているね」と言われても、部下はしらけるばかりだったのです。これは、褒めるタイミングを間違った事例と言えるでしょう。

部下を褒めるなら、どの仕事のどの部分をどう評価したのか、それを具体的に伝えたうえで褒めましょう。そのような褒め方なら部下も喜びますし、人材育成の効果も期待できるでしょう。やはり、普段からしっかり現場で働く部下一人ひとりを見守っていないのに、褒めるテクニックだけ学んでもうまくいかないのです。

第5章

「本物の『上司力』」ステップ④

自律的かつ切磋琢磨し改善・改革が進む組織にする

一度任せたら、この一線を守る

本書で繰り返し触れているように、多くの上司は部下に自律性がないことに悩んでいます。部下が自ら動いてくれないと、いちいち指示をしなければなりませんし、部下のほうが「これはどうすればいいですか?」「あれは誰に連絡すればいいですか?」などと何度も指示を仰ぎに来るような状況になれば、プレイングマネージャーである上司は自分の仕事が回らないといった悩みも持つことになるわけです。

このように悩む気持ちは痛いほどわかります。しかし悩みの原因を掘り下げていくと「失敗するのではないかと部下を信用しきれていない」「部下の仕事の成果は気になるものの、気持ちまでには無関心」、そして「上司が部下に仕事を任せきっていない」ことにあるわけです。研修などで日常業務から離れて深く内省するから気づけるものの、忙しい毎日の中で多くの上司は、「自分が部下に仕事を任せきっていない」ということについて無自覚です。マネジメントや部下の働き方について、アンコンシャス・バイアス（無意識の偏見・思い込み）があることも多々です。

みなさんは、心のどこかで「最後は自分が判断しなければ、チームの仕事のクオリティが担保できない」と思っていないでしょうか。自分が実績を上げてきた考え方ややり方が正しいはずだという固定観念を持っていませんか？

仕事の重要な部分は自分でやらないと気がすまないという人は、意図せず部下に対して「信用しきっていない」という雰囲気を醸し出してしまいがちです。

また、部下が考えた独自のやり方を許容できなかったり、部下が自分の考えているのと違う方向に仕事を進めたときに不安そうは表情を見せたりすると、部下は自律的に動けなくなってしまいます。こうして多くの上司は、結局は上司の本来のあり方である「支援職」から程遠い「管理職」になってしまうのです。

私が営む会社で実施している「上司力研修」の多くの事例を見ていて感じるのは、

同じ企業で似たような位置づけのチームがあり、それぞれをマネジメントしている上司がいる場合、一方がいつもバタバタと忙しそうにして余裕がなく走り回っているのに、もう一方は涼しい顔でプレイングマネジャーとしての自分の仕事に取り組み、しっかり成果を上げているといったケースがあることです。そしてこのようなケースでは、涼しい顔で「まだ時間に余裕はありますよ」などと言っている上司のチームのほうが業績はよかったりします。

それぞれの上司の違いを一言で言うなら「部下に仕事を任せきり、部下を上手に活かせているかどうか」です。

本章では、「本物の『上司力』を身につける5ステップ」の4ステップめとして、第4章まででご説明してきた「部下が仕事の目的と組織における自分の役割を理解し、モチベーション高く働く」というところからさらに一歩進み、そのように働く部下一人ひとりがお互いに啓発しあいながら切磋琢磨する組織風土をつくる方法を考えていきます。このような組織風土づくりを進めるうえで大前提となるのは、「任せた仕事の当事者は部下本人である」ということです。早速次項からお話ししていきましょう。

部下自らが業務改善できるために

仕事の目的と工夫の余地をセットにして任せたうえで、部下本人が仕事の当事者であるということを徹底すると、部下は「自分が任された仕事について責任を負う」という立場になります。

ここに納得できれば、部下は自発的に仕事のやり方を工夫するようになっていきます。さらに、その工夫がうまくいかなかったときは、原因を振り返って反省するという姿勢も出てくるでしょう。自分が考えた仕事のやり方なら、失敗したときに上司や周囲の人のせいにはできませんから、なんとかして自分で改善しようという方向に考えが向きやすくなるのです。

部下が自ら業務の改善できるようになるためには、失敗するリスクがなく簡単にこなせる仕事ばかりを任せるのではなく、「ちょっと頑張ればできる」仕事を任せていくことです。この任せ方を私は「3割ストレッチの法則」と呼んでいます。

図16をご覧ください。部下育成に不慣れな上司が部下に仕事を任せるときは、「手取り足取り」教えるか「丸投げ」するかになりがちです。手取り足取り教えれば部下は大きなミスをすることなく仕事を完遂できるかもしれませんが、それではいつまでたっても部下は上司の指示に従う作業者のままで「次はどうすればいいですか」と上司に指示を仰ぎ続けることになります。一方、丸投げすると、経験の浅い部下の場合は何からやれば良いかがわからないことが多く、仕事は止まったままとなり、結局周囲がフォローすることになります。

私が考える仕事の任せ方の理想型は、手取り足取りでも丸投げでもない「キャリアの小さな階段づくり」をすることです。1年がかりの仕事なら、まず「1年後に何を達成したいか」というゴールイメージを共有したうえで、「1カ月後にどこを目指すのか」「それをクリアしたら2カ月後には何を達成するのか」というように、中期的なゴールを設定してステップバイステップで階段を上がれるようにします。

図16

**特に経験の浅い部下には
伴走が必要。
ステップが細かくなっても
都度目的を伝える。**

たとえば「新しい営業戦略を立案する」という仕事を部下に任せたい場合、「まず現場の営業に話を聞いて今の問題点を洗い出すように」「次は、わかった問題の中で解決の優先順位が高いのはどれかを考えてみよう」というように、部下が自分で動き出せるところまでステップを刻んで仕事を任せるのです。ステップの設計は最初にすべてを決めてしまうのではなく、階段を登るタイミングで必ず上司と部下がコミュニケーションをとり、話し合いながら決めていきます。部下との対話を通じ、どのようにステップを設計するかが上司力の見せ所です。

ここで、私が前職で働いていた時代にマネジメントした部下Hさんのエピソードをご紹介したいと思います。

Hさんは入社して1年間、営業部門で仕事をしていましたが、メンタルに不調をきたし休みがちになって私のチームに異動してきました。社会人2年目を迎えたばかりだったHさんは、私と最初に面談したとき、まったく元気がなく自信がない様子で、上司である私の目を見て話せないほどでした。

彼にどんな仕事を任せようか、私は思案しました。不調に陥ったとはいえ、Hさんは営業部門で1年間仕事をしてきたわけですから、そのキャリアを活かせる彼ならではの仕事を任せることが必要でした。そこで私は、営業担当者がお客さまを訪問するときに使う調査データを集計して分析レポートをつくる仕事を任せることにしました。

しかし、彼は調査に関わる仕事などしたことがありませんし、分析レポートをすぐにまとめられるはずはありません。もちろん、前任者から引き継ぎはできますが、いきなり引き継ぎをして「わからないことがあったら聞きに来てね」と丸投げしても、どこから手をつけてよいかわからずパニックになってしまうだろうと私は考えました。

そこで私は、彼にこう言いました。

「私は今後1年かけて、あなたにこのチームで営業部門の担当者が活用できる調査データの分析、配信などの運用の仕事ができるようになってほしいと思っているんだ。Hさんには、このチームの中で唯一営業部門での経験があるからね。でも物事には順番があって、急に調査データの分析をするというのは難しいと思う。だから最初の1カ月は、朝9時までに会社に来て、席に座るという目標を目指してほしい。それを達成するためにどうすればいいかは、自分で考えて工夫してほしい」

彼はびっくりした様子で「それでいいんですか？」と言いました。もちろん朝9時に会社に来るだけではプロの仕事とは言えませんが、彼はメンタルに不調をきたしている状態でしたから、ステップを慎重に刻んだのです。

彼は最初のうちは朝9時に会社の席に座っているということもうまくできませんでした。満員電車で通勤するだけで疲れきってしまい、「今、電車から降りて休んでいます。今日は間に合いません」などと電話がかかってくることもしばしばでした。

私はチームのメンバー全員に、「Hさんは朝9時に出社するために自分なりの工夫をしているところだから、応援してあげてほしい」と伝えていました。彼からの電話を受けたメンバーは「そうか、今日は電車降りちゃったんだ。明日は頑張ろう」などと彼に言葉をかけ続けてくれました。そして、彼が朝9時前に来て席に座ることができた日は「今日はよくやったね」とメンバーみんながHさんに声をかけたりもしました。

朝9時に来られる日と来られない日を不安定に繰り返すことが続いたHさんでしたが、徐々に安定し、1カ月後には、毎日9時に会社に来られるようになりました。

彼が会社に来られるようになったのは、周囲のメンバーが、業務内容や業績の前に自分の体調を気にかけてくれたということが大きかったのではないかと思います。面談やこれまでの仕事環境を調べてわかったのですが、営業部門にいた1年間、彼の体調や心の状態を気にかけてくれる人はいなかったようです。一方で業績管理だけは徹底的にされる毎日。「お客さんのアポイントメントはどれくらい取れたのか」「目標の数字にあとこれだけ足りない」などと毎週のように上司から詰められた結果、彼は潰れてしまい、私のチームにやってきたのです。

職場の中に自分の居場所を見つけたことで、Hさんは安心して会社に来ることができるようになったのです。表情もがらりと変わり、私の目を見て話せるようになりました。「僕だってやればできるんです。朝9時に会社に来られるんですよ」と言うようにもなりました。微笑ましく思ったものの、これはあくまでスタートラインです。

そこで私は彼と面談し、2カ月目の目標を話し合いました。

彼が長期的に担っていくのは、営業担当者向けに営業現場で使える調査データの分析レポートを作って配信するという仕事です。そのファーストステップとして、前任者が配信していた分析レポートについて使い勝手のいいところと悪いところを現場の営業担当者に聞いてみることにしました。営業担当者を対象に社内アンケートを実施し、回答を100件集めるというのが具体的な目標でした。私は、こう言いました。

「この1カ月で回答を100件集めるためにどうすればいいか、その工夫はあなたに任せるよ」

彼は自分でやり方を考え、最初は営業担当者に向けて社内メールでアンケートを一斉に送るという方法を取り、その結果、1週間で30件ほどの回答が集まりました。営業担当者はみんな忙しいので、メールでアンケートを送っただけでは100件の回答を集めるのは難しかったのです。「30件しか集まりませんでした」と言いに来たHさんに、私は「100件集めるという仕事の責任者は、あなただよね。どうすればあと

70件集められるか、考えてね」と言いました。彼は「営業部門にいたときの同期がいるので、直接声をかけてみます」と答えました。

仕事を任せてから2週間後、チームの定例ミーティングで彼に報告を求めると、50件ほどの回答が集まっていました。「あと2週間しかないけれど、残り50件はどうやって集めるの?」と私が尋ねると、彼は「営業部門のベテランの庶務係の方一人ひとりにお願いして、周囲の営業担当者に声をかけてもらいます」と言いました。

仕事を任せてから3週間後、また彼に報告を求めると、67件の回答が集まっていました。つまりあと1週間で、30件以上の回答を追加で集める必要があるわけです。私が「1週間で30件近く回答を集めるのは、結構大変だね」と言うと、彼は「67件も回答が集まったので、別に100件にならなくても、集まった分だけ分析すれば十分だと思うんですけど……」と言い始めました。

私はそこで、彼を叱りました。「妥協しては絶対にダメだ。あと1週間も時間が残されていて、あなたはこの仕事の責任者。当初も約束したよね。それなのにどうして今、諦めるのか。自分の仕事にプライドはないのか。本当に、他にやり方はないの?」

もちろん、私の頭の中にはあと30件の回答をすぐに集めるための方法がありました。しかし答えを持っていても、上司はそれを教えてはいけません。仕事の当事者はHさんであり、本人が自分でやり方を考えなければ意味がないのです。

ただ彼の頭の中には、私が考えているのと同じ答えがあるはずでした。言い出せずに葛藤していたのです。私が叱ると、彼はついにその答えを口にしました。それは、営業部門の上司たちに直接頼み、部下にアンケートに回答するよう促してもらうという方法です。彼がその方法になかなか踏み出せなかったのは、自分が営業部門にいたとき、上司から詰められた嫌な記憶が強く残っていたからでしょう。そのためにメンタルに不調を抱えてしまったというトラウマ的なものもあったはずです。営業部門の上司に話をしに行くということは、彼にとっては非常にハードルが高い仕事だったのです。

私は「なるほど。それはよい考えだね。やるかやらないかはあなた次第。来週の報告を待っているよ」と言いました。

そして、1週間後。定例のチームミーティングの場で彼に「アンケートの回答は集まった?」と尋ねると、彼はすっと立ち上がり、晴れ晴れとした顔で「102件集まりました!」と言ったのです。

その瞬間、彼の仕事の様子を心配げに見守っていたチームの先輩メンバーたちは、全員が立ち上がってスタンディングオベーションを彼に送りました。「よくやった」「頑張ったね」「大きな壁を乗り越えたね」。大騒ぎする会議室の外を通る人たちから何事かとのぞかれる始末でした。

彼は自信をみなぎらせて仕事に取り組むようになりました。その後もステップを刻みながらアンケートの再設計などに取り組み、本部長に承認を得て、いよいよ調査の運営をするところまでたどり着きました。

しかし、仕事にはアクシデントがつきものです。リニューアルした調査の運営を始める段階になって、部の業績が厳しいためいったん投資は凍結するという話になりました。

すると彼は本部長のところに乗り込み、「なぜ一度承認したものを途中でひっくり返すんですか、現場は望んでいるんですよ。約束が違うじゃないですか」と訴えたのです。

私は、その後ろ姿を見ながら感極まった覚えがあります。Hさんが、自分の仕事にプライドと責任を持っていること、そして自分の仕事に自信を持てるまでになったんだということがうれしかったからです。

プロセスについては裁量を持たせながら、妥協は許さない

Hさんもそうであったように、部下に仕事を任せると、難しい局面になったときに部下が妥協しようとすることは少なくありません。アインシュタインが「狂気とは即ち、同じことを繰り返し行い、違う結果を期待すること」というように、**うまくいかない仕事のやり方は臨機応変に変えるべきですが、自分が約束した目標や目的の実現を安易に諦めさせてはいけないのです。**

そのようなとき、上司は「あなたは当事者としてやるって言ったよね」と強く迫るべきです。プロセスについては裁量を持たせて自分で判断させせますが、任せた仕事に対して妥協することは、原則として許してはいけません。

これは、たとえば育児と両立しながら仕事をしている社員への仕事の任せ方を考え

るときにも同じことが言えます。幼い子供は体調が不安定になることも多く、「子供が急に熱を出してしまって、今日は仕事ができません」などという場面はしょっちゅうあります。そのようなときは、私が営む会社では「構わないから今日は早く帰っていいよ」「在宅で仕事をしてもいい」などと伝えて柔軟に対応してもらうようにしています。しかしこれは、任せた仕事をやり切らなくてよいという話ではありません。休んだり在宅で仕事をしたりした分、どう挽回するかは本人に任せます。自分でリカバリーできない場合は周囲の力を借りてもいいと思いますが、それも自分の仕事。上司に「どうすればいいですか」と頼らせることはしません。「上司が最終的に巻き取ってくれたから何とかなった」ではなく、「大変だったけれど、周囲にも協力してもらいながら自力でやり遂げた」ということが、部下本人の自信につながるからです。

みなさんはボーダレス・ジャパンという企業をご存知でしょうか。この会社は、社会問題をビジネスで解決することに取り組んでいます。社会問題はボランティアや行政によるセーフティネットで解決が試みられるケースが多いのですが、中にはビジネスのものが社会問題解決の手段となり得るケースも多くあります。そこに目をつけ、ビジネスの仕組みを変え、社会の構造から再構築しようというのがボーダレス・ジャパンの取り組みです。確かに、寄付やボランティアに頼る構造では、支援の担い手がいなくなってしまったとき、問題がすぐ再燃します。持続可能性という観点でも、しっかり収益が上がるビジネスによって社会問題を解決するのは有効というわけです。

ボーダレス・ジャパンがやっているのは、社会問題を解決したいという思いを持って起業しようとする若者を支援することです。具体的には、社会起業家の先輩たちが生み出した利益から、社会問題を解決する新たなビジネスプランを持ち込んだ若者に資金・人材・ノウハウを提供します。さらに営業手法やマーケティングなどについても経験豊富な先輩経営者やスタッフたちがサポートします。ボーダレス・ジャパンでは、これを「恩送りシステム」と名付けています。

私が同社の話を聞いて特に興味深いと思ったのは、出資する起業家に対して売上などの目標設定や経営状況の報告を求めないということです。売上目標がない代わりに、事業目的である社会問題の解決にどれだけ近づいているかを測る「ソーシャルインパクト」という指標を各社が独自に定めています。

ボーダレス・ジャパンでも、当初はマイルストーンを設定し、特定の期間内に定められたステップ（黒字化など）に達しなければ、リバイバルプランをグループ全社の社長が出席する社長会に提案するという仕組みをとっていました。しかし、このやり方ではいつまでたっても起業家が自立できないと判断し、最初に資金提供したらそのお金を使ってあとはすべて任せるという仕組みに変えたのだそうです。

数字の目標を置けば、起業家たちは達成できなかったときにどうしても「達成できなかった理由」を説明しようとするでしょう。しかし目標をおかず、「初期費用として500万円、運転資金を1000万円渡すので、あとはその範囲でどうするのかはあなた次第」と言われると言い訳する余地はなくなり、しゃかりきになって頑張るしかなくなるわけです。

これも、「仕事を任せた以上、当事者はあなた」というやり方だといえます。

互いに啓発しあう定例ミーティング

部下が当事者意識を持って仕事に取り組み、創意工夫しながら切磋琢磨するようになってきたら、それを定例ミーティングで共有することを考えます。「チームとして同じ目的に向かって仕事をしている」ということを理解し、お互いの役割を把握している状況をつくったうえで、一人ひとりが切磋琢磨していることを共有できれば、「チームのメンバーが頑張っているから、私も頑張ろう」と思えるようになり、チームの中にお互いが啓発しあう風土が生まれます。ここまでくれば、チームの成長がどんどん加速していきます。

ミーティングでメンバー同士が啓発し合えるようにするには、上司がうまくファシリテーションする必要があります。

仕事の効率を重視しがちな昨今は、組織のメンバーが自分の仕事以外のことに興味を持ちにくく、チームワークは失われがちです。

ウィズコロナ時代でリモートワークも増える中、部下一人ひとりの仕事はタコツボ化しやすいためなおさらです。メンバー全員が集まる定例ミーティングの場は、メンバーに「組織として仕事をしているんだ」という意識を持たせるために非常に重要な役割を持っているということを念頭に置きましょう。

ファシリテーションは、部下一人ひとりの仕事の関連性を意識するのがポイントです。メンバーには、自分の仕事に関する報告をするだけでなく、他のメンバーの仕事について「どうすれば組織の目的達成により近づけると思うか」を質問し、発言しあえるように促します。

たとえば困っていることがあると報告する部下がいれば、「〇〇さんは何かアドバイスできることはないかな?」などと他のメンバーに上司から話を振っていくのも一つの方法でしょう。たとえうまくいっている部下の報告であっても、他のメンバーに

「さらによくしていくためのアイデアはないかな?」と話し合いがポジティブになるようにしていきます。発言した部下がいれば、その中身について是非をコメントする前に、発言した貢献に対して「ありがとう」と伝えることも意識しましょう。こうしてメンバーがお互いの担当業務について考え、安心して意見を言い合える場をうまくつくることが、組織が目的に向かって一丸となる体制づくりにつながり、さらに相互に啓発しあう関係性づくりを促進するのです。

メンバー同士の啓発について「上司力研修」などで説明すると、**「同僚をライバルと考えて足を引っ張ろうとする部下もいる。お互いに協力しあう関係性をつくるには、上司として何をすべきか」と尋ねられることがあります。**

この点については、組織の目的とその目的達成のために一人ひとりがどのような役割を担っているのか、そして上司がつくった組織図に基づき、一人ひとりがどのように関係しあいながらチームとして仕事を進めていくのかがしっかりと共有されていれば、協力関係が生まれてくるはずなのです。

ここまで上司が腐心しても、自分の成果のことしか考えられない部下が出てくるかもしれません。これを防ぐには、3ステップあります。まず第4章でお話しした役割を設定して任せる際に、協働しあうこともやり方の一つだと伝えておくことです。そのうえで、定例ミーティングはもちろん普段の仕事の中でも他のメンバーを支援する動きがあればしっかり認め褒めることです。さらには、業績評価の項目にも入れておくとよいでしょう。つまり、他者への貢献やチームワークを部下の善意に頼るのみではなく、仕事の一環だと認識させていくのです。

部下同士が競い合うことが必ずしも悪いわけではありませんが、前提として、組織として目的を達成することが重要であり、チーム一丸となって目指す必要があることを、部下全員が腹落ちしていなければならないでしょう。

部下同士が協力しあい相互に啓発組織をつくるには、お互いに協力しあえているかどうかをチーム全体の運営指標とするのも一法です。あるいは、「サンキューカード」などで指標とまではしなくても、お互いに協力できたときに感謝を伝え合える仕掛けをつくっても良いでしょう。

なお「ちょっとしたサポート」と捉えられるような仕事を適切に評価する仕組みは、ウィズ&ポストコロナの時代により重要性が高まるかもしれません。

日本のメンバーシップ型雇用の中でチームがうまく回ってきたのは、一人ひとりが担うべき仕事が明確化されていない中でも「ちょっとしたサポート」を誰かが阿吽の呼吸の中で担っていてくれたからです。しかしリモートワークも一般化する中、企業はジョブ型へと舵を切ることを迫られています。実際に部下一人ひとりに、「あなたの役割」を明確に示しながら仕事を渡すことになったとき、上司はこれまでは光が当たっていなかった「ちょっとしたサポート」のような仕事にもしっかり目を向けるべきでしょう。それを業務として明確化し、担った人に評価なり感謝なりがしっかり与えられる仕組みをつくっていくのも上司の仕事です。

退屈な「作業」を自らの「仕事」に変えさせるには

部下が自律的に仕事をし、自ら業務の改善も試みられるようになるためには「キャリアの小さな階段づくり」が必要だとご説明しました。しかし上司が部下一人ひとりに対し、すべての仕事において「小さな階段づくり」をするのは大変ですし、部下の数が多い場合などでは現実的に難しいこともあるでしょう。

そこで取り入れたいのが、上司が部下に仕事の目的を投げかけるだけでなく、部下側から上司に仕事の目的を問いかけるよう促す方法です。

たとえば、上司が部下に作業の指示をしたとき、部下が「作業」を自らの「仕事」に変えるためには、３つのステップを踏ませる必要があります。

①部下から上司に、作業の目的を「質問」する
②部下が作業について工夫し、上司に「提案」する
③部下は上司に「相談」して承認を得る

私が営む会社では若手社会人向けの研修を行う機会も多いのですが、そこでよく話すのは、「なぜこの仕事をしなければならないのかと疑問や不満を持ったとき、文句を言っていても何も変わらない。自ら変えていく方法を学んで実践しよう」ということです。

①の「質問」のステップでは、上司から作業を指示されたとき、納得できずにいても、ただ「はい、わかりました」と言って言われたままにやるのではなく、「これは何のためにやるんでしょうか？　目的は教えていただけますか？」などと尋ね、作業のゴールイメージを教えてもらうようにするということです。

なお、この対話に向き合うには、上意下達で経営からの指示をそのままおろすのではなく、上司自身がしっかり目的を考えて仕事を任せていなければいけません。上司自身も上層部と対話し、自分のチーム、部下に任せる仕事に納得していなければいけないわけです。

目的がわかれば、部下はどんな作業も自分でやり方を考えて工夫しやすくなります。そこで②の「提案」をするように教えます。例えば上司に「現場の感覚で考えるとこのようなやり方も効率的だと思いますが、いかがでしょうか」などと自分がどのように工夫したいのかを具体的に言うようにさせるのです。

もちろん、百戦錬磨の上司の目から見れば、部下の提案が心もとないと感じることも多いでしょう。そのまま「それはいいね！」となることは少ないでしょう。そこで③「相談」が必要なのです。お互いに意見を交わしたうえで作業のプロセスについて合意し、部下が上司から承認を得られれば、その瞬間に退屈な「作業」は張り合いのある「仕事」に変わるのです。

第 6 章

「本物の『上司力』」ステップ⑤

振り返りと評価の納得で次なる成長につなげる

評価は「仕事やキャリアの断面図」

本物の「上司力」を身につける5ステップも、いよいよ最後の章となりました。

ここまでみなさんは、部下と信頼関係を築くこと、組織の目的を理解させて部下一人ひとりの持ち味を活かせる仕事を任せること、組織をつくり上げてチームで成果を上げること、そして組織が目的を達成するだけでなくさらに改革・改善を自律的に進めていくようにすることについて学んできました。

これらに加え、上司力として身につけなければならないのが、半期や一年など節目ごとに部下を評価し、それを部下に納得させて次なる仕事へと向かわせる人材育成法です。部下の業績や仕事ぶりを評価すること、そしてフィードバックしながら部下を育成することは、上司の非常に重要な役割の一つです。

部下を評価し、それを部下に納得させ、フィードバックによって部下の成長を促すという仕事を考えるとき、まず理解しておくべきなのは、評価というものが一時の断面図でしかないということです。

これは目標管理制度（ＭＢＯ：Management by Objectives）と呼ばれ、もともとドラッカーが考案したものであり、日本の多くの企業でアレンジしながら導入されています。ドラッカーは人事評価ありきというよりも、上司が部下とコミュニケーションをとりながらマネジメントしていく実践法と考えていたようですが、90年代に広がった成果主義と連動しながら人事評価ツールとして定着してきました。そのため、業績評価は、ともすれば「目標達成したので〇」「目標未達なので×」といったように数字を追っただけのものになりがちです。しかし、部下自身が創意工夫し、自律的に働くことを期待するとき、その過程には試行錯誤や失敗からの学びといったものが必ず含まれます。上司が「数字を達成したかどうか」というデジタルな評価に終始すれば、それらを否定することになり、部下はモチベーションを失ってしまうでしょう。

そもそも、仕事やキャリアというのは半期や一年の区切りで終わりにはならないはずです。会社の目的（＝企業理念）や組織の目的は、長期的な視野で達成を目指していくものでしょう。一方で、上司による部下の評価は、半期や一年という区切りで行わざるをえません。ですから、評価というものは本質的に、長期的な仕事や部下個人の長いキャリアの一つの断面にしかなりえないのです。

単純化してわかりやすく言うなら、長い目で見て素晴らしい仕事をする部下、長期的に素晴らしいキャリアを築く部下であっても、一時点の評価があまりおもわしくない内容になることはいくらでもあるということです。

部下の評価について考えるとき、私はいつも思い出すことがあります。それは私が前職のリクルート時代、ＩＴエンジニアのキャリア支援をするウェブサイト「Ｔｅｃｈ総研」の編集長だった頃のことです。

当時の私は、「業績評価が良ければ部下のモチベーションが上がる、評価が悪ければモチベーションが下がる」という相関関係があると安直に考えていました。しかし、多くのＩＴエンジニアのインタビューを実施する中、どうもそのような相関関係があるとは言えないということがわかってきたのです。

現場で働いているたくさんの人の話を詳しく聞いていくと、業績評価が良く、ボーナスが増え、昇進の可能性も高まっているのにもかかわらず、あまりモチベーションが上がっていないＩＴエンジニアもいました。その一方で、業績評価はあまり高くないのに、やる気に満ち溢れているＩＴエンジニアもいました。

私がインタビューによって声を聞くことができたＩＴエンジニアの方々に共通していたのは、クライアントの会社に常駐で席を置いて業務を行っていることが多く、上司と職場が一緒であるわけではないということでした。何度もお伝えしているように新型コロナウィルス感染拡大後、多くの企業で半ば強制的にリモートワークが始まり、上司たちから「部下の様子が見えない」と言う悲鳴がたくさん聞かれるようになりましたが、実はＩＴエンジニアの方たちは以前からそのような状況にあったと言うこともできます。

ＩＴエンジニアの場合、日常的には上司に仕事ぶりを見てもらうことがなく、業績評価は自分が担っているシステム開発などの業務の節目しだいであるというケースが多いと言えます。そのような前提のもと、私は上司から高評価を受けたＩＴエンジニアの方から「高い評価を得たのは、たまたま業務の節目において高いパフォーマンスが出ただけ」「プロセスを見ないまま結果だけで評価されてもあまりうれしくない」といった声を多く聞くことになりました。

一方、業績評価が低いのにやる気に満ち溢れたＩＴエンジニアの人たちは、上司からの評価をどう感じていたのでしょうか？　私がインタビューで聞いた典型的な声は、「確かに今期の人事評価は非常に厳しく、昇給・昇格も難しい。それでも常々、上司とコミュニケーションをとっているので、一定期間において上司と確認しあった結果を出せなかったことに対する評価は甘んじて受け入れるべきだと思う。今期の学びを来期にどう活かしていくかを上司としっかり話し合ったので、来期は挽回していきたい」といった内容でした。

私はこのインタビューを通じ、人のモチベーションは一時の業績評価の良し悪しで左右されるわけではないのだということを学びました。**重要なのは、上司がいかに部下に対して自分が出した評価を納得させられるか、言い換えれば、評価の際に上司が部下にどのように関わるかだったのです。**

良くても悪くても受け入れてもらう意味

私が「部下の評価はあくまでも一時の断面に過ぎない」と強調するのは、良い評価であれ悪い評価であれ、「長期的な部下の成長や活躍」という視野を持ってくだしたものであれば、適切に部下に伝えることで納得させることができると考えているからです。

私が営む会社でマネジメント層向けの研修を数多く行う中、部下への厳しい評価をどう伝えるか、フィードバックの仕方を指導する研修は人気プログラムになっています。これは裏を返せば、上司は部下に厳しい評価をどう伝えればよいか日々悩み続けているということでしょう。

厳しい評価を伝えるときにフィードバックの仕方を間違えれば、部下のモチベーシヨン、ひいてはチームのパフォーマンスに悪い影響を及ぼすおそれがあります。

上司が及び腰になるのも、無理はありません。

しかし先にご説明したように、上司からの評価に対する部下の捉え方は業績評価の○×によって決まるわけではありません。重要なのは、長期的な視野に立ち、「現時点の評価を踏まえて、今後どうするか」を上司と部下が一緒に考えることです。そうやって「上司＝支援者、伴走者」という関係を部下にしっかり感じさせることができれば、厳しい評価を伝えなければならなくなったからといって、気に病む必要はまったくないのです。

重要なのは期初の役割設定

部下に評価を納得してもらうにあたり、最も重要なのは期初の役割と目標設定です。残念ながら、今この本を読んでいるみなさんが「部下に今すぐ厳しい評価を伝えなければならない」という場合、本書のアドバイスは役に立たないかもしれません。というのも、厳しい評価を伝える面談で、小手先のテクニックを使ってその場しのぎで部下から納得を得ようというのは無理な話だからです。

必要なのは、部下自身が期初に決めた目的とそれに基づく目標を上司と部下がしっかりと握り合っていること。

期中は任せた仕事の当事者は部下であっても、しっかり伴走することで喜怒哀楽も共にし、そして期末時点の評価が「部下自身が決めた目標の達成度合いがどの程度で

あったか」に基づいて行われることです。

部下自身が上司と確認しあった目標に向けて創意工夫しながら仕事を頑張っても、顧客や環境の変化も影響するため、数字として業績が上がらないということは十分に起こりえます。数字が上がっていない以上、上司は業績評価を厳しくせざるを得ません。そんなときも、上司が伴走者として目標達成を目指す部下を適切にサポートできていれば、部下は上司からの評価を前向きに受け止めることができるのです。

現場で人が成長する3つのステップ

私は、現場で人が成長するためには3つのステップが必要だと思っています。

1ステップめは「任される」ことです。

この「任される」には、上司が仕事の目的を伝えその部下だから任せたいという働きかけで部下が動機形成されたうえで、部下が自分で見通しを立て目標を自らの意思で表明し、上司に目標とプロセスを提案してお互いに握り合うところまでを含みます。

2ステップめは「やり遂げる」ことです。

任された仕事の主体者は部下自身であり、その責任は部下自身が負います。途中で投げ出すことは許されません。やり遂げるのが難しそうな局面もあるかもしれませんが、周囲を巻き込んででも部下が自分で最後までやり遂げることが重要です。

そして3ステップめが「振り返る」ことです。

仕事をやり遂げるまでのプロセスの中で、良いことも悪いことも起きるものでしょう。それを仕事をやり遂げた後でしっかり振り返ることが、次なる成長へとつながります。

そしてこの3ステップを上司側から見ると、「任せる」「応援する」「内省させる」となります**（図17）**。この図が示すように、上司は部下の成長を支援するため、3つのステップすべてに絡んでいくことが求められるのです。

部下が任されるときは、上司が仕事を任せるときであり、上司には「任せ切る力」が求められます。私は本書で繰り返ししつこく「任せる」ことの重要性を説いてきましたが、これは多くの上司の方々の悩みを聞く中、3ステップのうちの1ステップめでつまずいている上司が圧倒的多数であることを痛感しているからです。「私は部下に仕事を任せている」と思っている方も、本当に任せきれているかどうか、本書を手にとったことをきっかけとして、ぜひ振り返ってみていただきたいと思います。

図17

現場で人が成長する3つのステップ

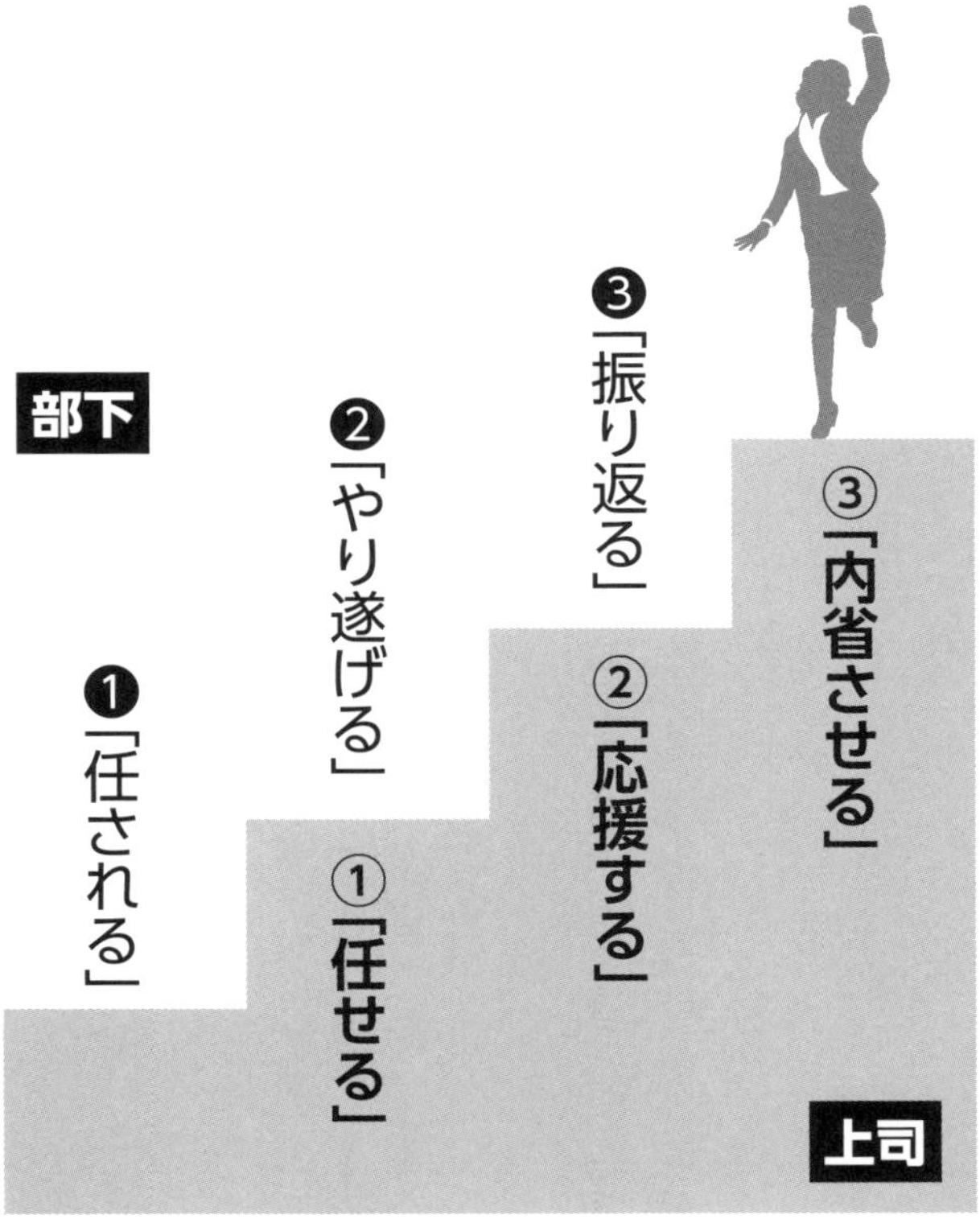

部下が任された仕事をやり遂げるために、上司は応援し続ける必要があります。

仕事をしていれば、思い通りにならないことが次から次へと起こるもの。ときには部下が挫折しかかることもあるでしょう。そこで重要なのは「応援」に徹することです。**「アクシデントが起きてしまったのだから、ここは自分が出て行ったほうが早い」などと考えて部下の仕事を奪うようなことがあってはなりませんし、部下が仕事をどう進めるべきか悩んでいるとき、答えを言ってしまうことも避けなくてはなりません。**

主体は、あくまでも部下本人。本人が自分の力でアクシデントを乗り越えていけるよう、本人が軌道修正の方向に気づけるよう質問したり、適切な人脈を紹介するなどしながら全力でサポートするのが上司の仕事です。

そして部下がやり遂げた仕事を振り返るとき、適切な振り返りができるようサポートするのも上司の仕事。それが「内省させる」ということです。部下がまずまずスムーズに仕事をやり遂げたとして、「今期はよかったね」と評価するだけで終えてしまっては、部下がやり遂げた仕事から学びを得て成長するチャンスを逃してしまうことになりかねません。

内省させるときは、まず本人に振り返りを促します。「期初にあなたの役割を確認して一緒に目標を決めたけれど、目標を達成するまでのプロセスにはいろいろなことがあったと思う。まずは自分自身で振り返って、今期の仕事についてどう思っている?」などと問いかけてください。内省させるステップにおいて重要なのは、期末の評価が仕事の価値を決めるものではなく、あくまでも仕事の断面を表したに過ぎないこと、これからどのように次なるチャレンジに向かっていくかが大切であることを部下と確認しあうことです。

この3つのステップにおいて上司と部下がうまく噛み合うことができれば、たとえ一時の評価が悪くても部下のモチベーションが下がることは減っていくでしょう。

ここで面談をする際に効果的な「傾聴面談シート」と「任用面談シート」をご紹介しますので、ぜひご活用ください(図18・19)。

図18-1

【上司が活用】「傾聴面談シート」の作り方・使い方

〈傾聴面談の準備〉

① 対象の部下の名前と職位・職種を記入。

② 現在のチームの中での役割・仕事を記入。

③ これまでの社歴・経歴を時系列に記入。

④ 上司が認識している「強み」と「弱み」を記入。

⑤ 将来への期待(3年後「どう育ってほしいか)を記入。

〈傾聴面談〉＊この傾聴面談シートは手元に置き、肯定的な姿勢で傾聴に徹しましょう。

❻ 会社に対する「満足・充実」、「不満・悩み」を傾聴。

❼ 自分の今の役割に対する「満足・充実」、「不満・悩み」を傾聴。

❽ 本人が認識している「強み」と「弱み」を傾聴。

❾ 将来(3年後)どう成長・活躍したいかを傾聴。

❿ 上司と本人の認識のずれを確認しながら傾聴面談シートを完成、記入日などを記入。

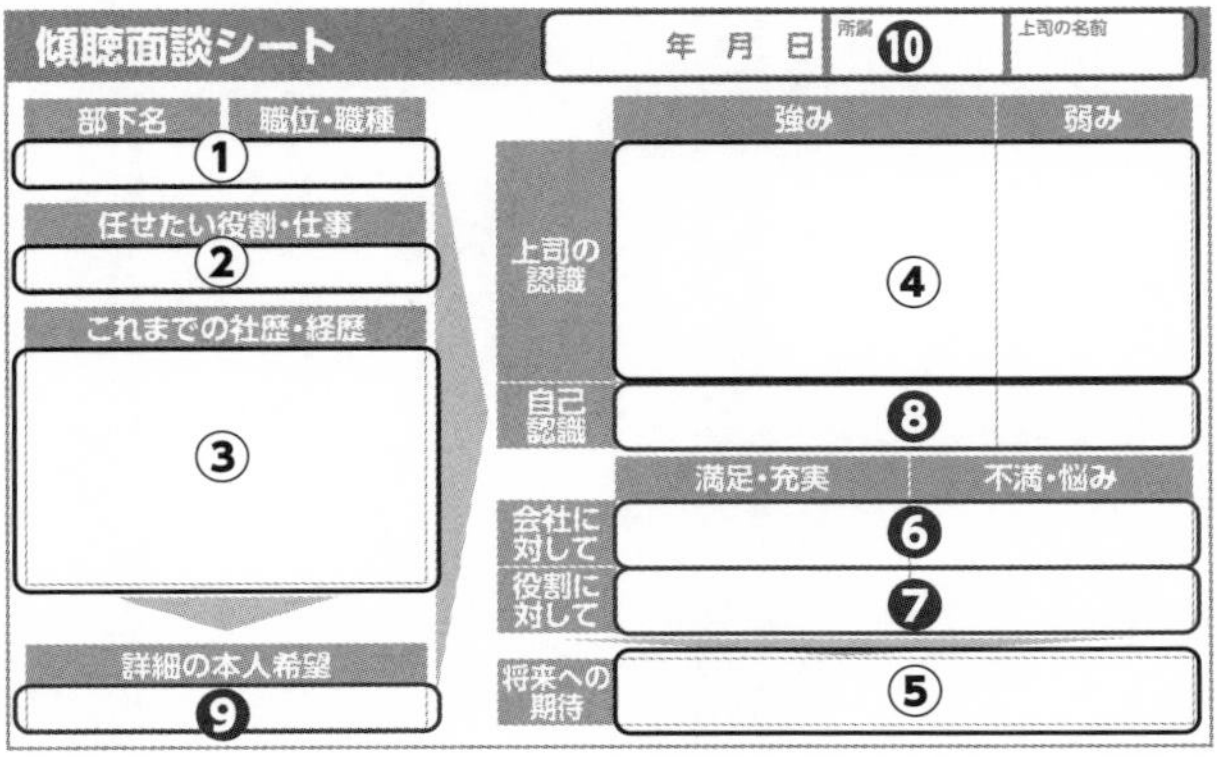

図18-2　記入例

傾聴面談シート

○○○○年○月○日	所属	上司の名前
	営業部5課	山田太郎

部下名	職位・職種
田中一郎	主任

任せたい役割・仕事

営業グループの新規開拓リーダー

これまでの社歴・経歴

・新卒で自動車販売メーカーに入社。購買と営業を経験

・転職し、中堅部品メーカーで営業リーダー

・再度転職し、自社にて法人営業部に配属

詳細の本人希望

メーカー法人営業のプロフェッショナル

	強み	弱み
上司の認識	・営業活動を天命とする本気 ・前職で法人営業のプレイングマネジャーとしての実績・経験 ・枠にこだわらず人脈・ネットワークを創れる人間力 ・周囲を明るく変える前向きさ、ポジティブ	うっかりミスが多い
自己認識	・ポジティブ思考 ・法人営業経験	デスクワークは苦手

	満足・充実	不満・悩み
会社に対して	・社長の理念に共感 ・仕事を任せてもらえる	仕組みが少し古いかな
役割に対して	・希望通りに営業配属	ルートセールス中心なので少し物足りない

将来への期待	営業力に課題のある当社にコンサルティング営業の風土を作り上げ、リーダーになってほしい

図19-1

【上司が活用】
「任用面談シート」の作り方・使い方

〈面談の準備〉＊①～⑤は傾聴面談シートから変更ない場合はコピーしてください

① 対象の部下の名前と職位・職種を記入。

② 傾聴面談を踏まえた役割・仕事を記入。

③ 傾聴面談を踏まえた将来の本人希望を記入。

④ 傾聴面談を踏まえた上司が認識している「強み」と「弱み」を記入。

⑤ 傾聴面談を踏まえた将来への期待（3年後どう育ってほしいか）を記入。

⑥ 具体的なミッションを順番に記入。全体を100％としてシェアも記入。

〈動機づけ面談〉＊任用面談シートを提示しながら、本人の納得を確認しつつ、動機づけしてください。

- **納得を確認しつつ①～⑥について説明。**
- **各ミッションの1カ月、3カ月、6カ月後の到達目標（小さな階段）の設計・記入を促す**

〈小さな階段の設計・支援〉＊傾聴を心がけてください

❼ 本人に設計・記入・提案させ、すり合わせ。

❽ 任用面談シートを完成、記入日など記入。

〈半年後の振り返り〉

❾ 半期後振り返りさせ、すり合わせ。記入日記入。

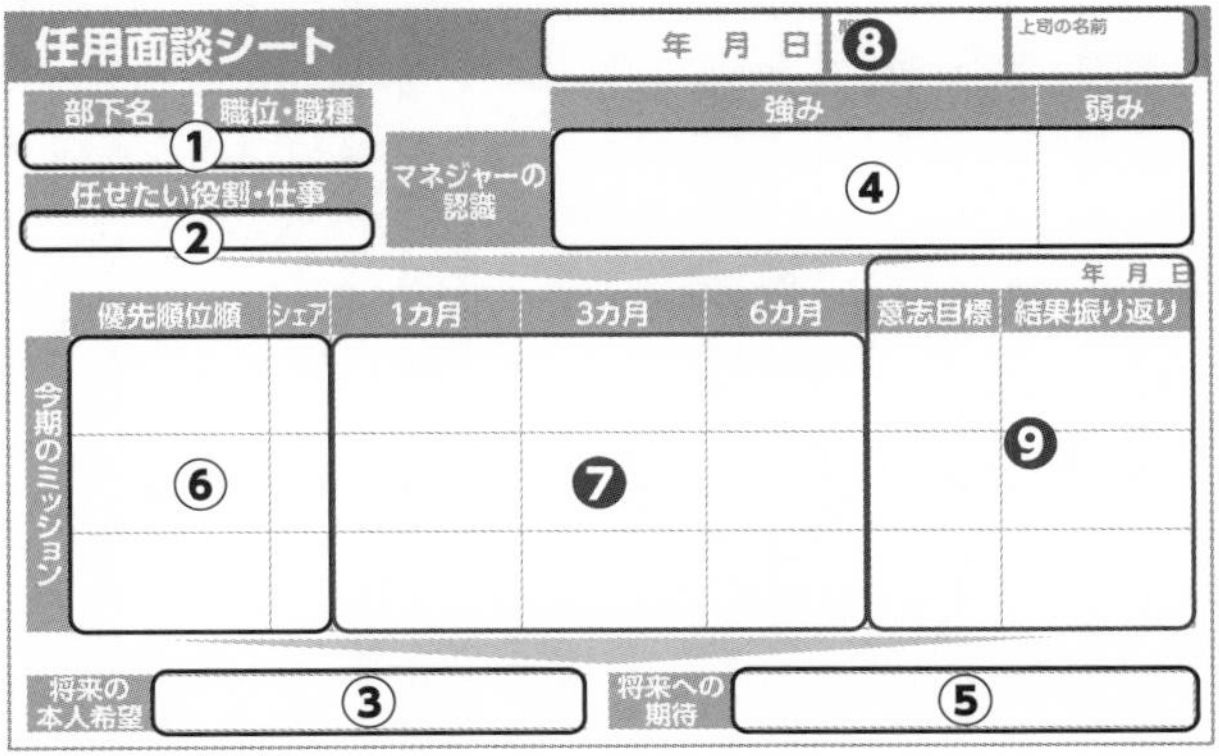

図19-2　記入例

任用面談シート

○○○○年○月○日	期間	上司の名前
	○年下期	山田太郎

部下名	職位・職種
田中一郎	主任

任せたい役割・仕事
営業グループの新規開拓リーダー

マネジャーの認識	強み	弱み
	・営業活動を天命とする本気 ・前職で法人営業のプレイングマネジャーとしての実績・経験 ・枠にこだわらず人脈・ネットワークを創れる人間力 ・周囲を明るく変える前向きさ・ポジティブ	人間力でカバーできているものの正確さ・緻密さは課題もあり

○○○○年○月○日

今期のミッション 優先順位順	シェア	1カ月	3カ月	6カ月	意志目標	結果振り返り
法人新規営業のトッププランナー	50%	・アプローチターゲット顧客リスト作り ・DM作り	・販促セミナー開催 ・展示会出展仕切り ・訪問活動・面談	・DM、販促セミナー振り返り ・軌道修正	年間で新規取引顧客30社・売上2000万円	× コロナ禍の影響は大きく、新規取引顧客10社に留まる、売上300万円
自チームのコンサルティング営業力の底上げ	30%	・勉強会の企画・立ち上げ・社内承認	・月一で勉強会開催 ・受講アンケート	・振り返り・来期に向けた課題中視、勉強会軌道修正	コンサルティング営業の基本を全員が理解	○ メンバーからも好評で、お客様との会話も変わってきている
非対面型営業の仕組みづくり	20%	・各種IT事業者からの情報収集	・自社ならではの非対面型営業フロー原案作成・役員会承認	・非対面型営業の実験スタート	非対面型営業の実験スタート	○ 必要に迫られた感もあるが、非対面営業が定着してきている

将来の本人希望	将来への期待
営業力に課題のある当社にコンサルティング営業の風土を作り上げ、リーダーになる	営業に課題のある当社にコンサルティング営業の風土を作り上げ、リーダーになってほしい

大切なのは「ゴールセッティング」と「フィードバック」

NewsPicksやSPEEDAなどのメディアを運営するユーザベースは、既存の大手メディアでキャリアを重ねたジャーナリストやIT業界出身のエンジニアなど、さまざまなバックボーンの人材が集まるユニークな会社です。私は、多様なメンバーがしなやかに活躍しながら創業からわずか10数年で7つのグループ会社を擁し急成長を遂げているユーザベースの現場に興味を持ち、取材に伺ったことがあります。

人材育成、組織運営についてインタビューしてなるほどと思ったのは、ユーザベースでは社員を「評価」するのではなく、「GSFB（ゴールセッティング・フィードバック）」をしているという話でした。GSFBというのは、メンバーが自分の行く先（ゴール）を自分でセッティングし、そこに向かって真っ直ぐ走り、周囲はそれに対してフィードバックするという方法です。これはまさに、先に解説した「3つのステップ」と重なります。

GSFBにおいて、仕事の主体者は上司ではなく、「ゴール」を決めた本人です。そしてフィードバックは上司と部下の間だけではなく、先輩や同僚とも互いに改善すべき点や磨き上げるべき点などを伝え合う「オープンコミュニケーション」が奨励され、実際に行われているのです。このように相互にフィードバックしあうカルチャーが、そのまま「チームのメンバーが切磋琢磨し、改善・改革が進む組織」を形づくっているのでしょう。

今本書を読んでくださっている上司の多くは「どうすれば部下がやる気を出してくれるのか」という悩みを持っていらっしゃるのではないかと思います。一方、ユーザベースがとっているのは「もともとチームのメンバーにはやる気があり、それをそがない」というアプローチです。これは大いに参考になると私は思います。

あらゆる業界でデジタルトランスフォーメーションが起きる中、新聞社や出版社などマスコミは厳しい経営環境に置かれているところが多いといえます。そのような環境でも、ユーザベースが「経済情報で、世界を変える」というミッションのもとで急成長を遂げていることに注目すべきです。私は、多様なメンバーがもともと持っている「やる気」をそがれることなく、自分がセッティングしたゴールに向かって一直線に走れること、それを周囲が支援する風土がつくられていることが、同社の急成長のエンジンとなっていると見ています。

「ガラス張り経営」で情報格差をなくす

部下が自律的に仕事をし、次なる成長を目指していく環境をつくるためには、上司と部下の間でできるだけ情報格差をなくし、「ガラス張り」にすることもポイントになります。会社の経営状況を社員に情報開示することは、自分が会社の一員として収益に貢献するという当事者としての自覚を育てることにつながります。

「ガラス張り経営」の好例として、もう一度日本レーザーという会社の取り組みを紹介します。同社は１９６８年設立という歴史あるレーザー専門商社ですが、１９９３年、３年連続の赤字で債務超過に陥りました。その際、経営立て直しのために本社から出向したのが近藤宣之現会長でした。

近藤会長（当時は社長）は「リストラは絶対にしない」と宣言すると同時に、粗利管理の導入などの業務改善を徹底して行い、就任1年目で黒字転換に成功。翌年、親会社の取締役を退任し、社員と運命を共にする覚悟のもと背水の陣で臨んだ結果、2年目で累積赤字を一掃して復配に成功し、現在に至るまで27年連続で黒字経営を維持しています。

2007年には国内では異例のMEBO（Management and Employee Buyout、経営陣と従業員が参加する企業買収）により、親会社から独立しています。

近藤会長によれば、社長に就任した当時、社員は全員「やる気」がない状態だったといいます。その頃、部長クラス以上は親会社から舞い降りてきた人ばかりで、現場は意見を取り入れてもらえない状態にありました。主体的に仕事ができず指示を受けて動くだけという日々の中、万年赤字でも親会社が財務体質のしっかりした上場会社だったため、社員の間には「仕事は面白くないしやる気も出ないけれど、給料はちゃんともらえるからいいや」という雰囲気があったそうです。

しかしMEBOにより退路を断つと、社内の空気はガラリと変わりました。赤字を補填してくれる親会社はもういないという状況で、役職者が上から振ってくることもなくなり、社員に当事者意識が芽生えたのです。

近藤会長はさまざまな経営改革に取り組んでいらっしゃいますが、私が注目したことの一つは、同社が月次の決算、予算、各現場の利益率、各営業担当の目標など経営に関わるあらゆる数値を全社員にオープンにし、案件ごとに関わったメンバーで粗利を分配し合って、一人ひとりの給与に連動させていることです。一つの受注を得るまでには、営業だけでなく技術部の社員など複数のメンバーが関わります。そこで「技術部の社員が事前説明やデモンストレーションを担当したら30%」などといった基本ルールを設け、最終的には当人たちが話し合って粗利の分配を決めるのだそうです。

このように情報をガラス張りにすれば、社員は自分がどれほど会社に貢献しているのかが手にとるようにわかります。

私が営む会社も同様の仕組みを取り入れているのですが、当事者意識を高める方法として、大きな効果があります。自分の給与は上司の評価ではなく、顧客への貢献によって決まるものであり、自分の頑張りがわかりやすく跳ね返ってくるからです。

本当の「傾聴」であなたの努力を結実させる

部下を次なる成長に向かわせたいと願うとき、経験豊富な上司であるみなさんですから、部下にあれこれとアドバイスしたくなるでしょう。**しかし「上司力」の中には、基本的に「指示・命令する力」は含まれていません。**部下が自分で考える前に上司の考えをアドバイスすることもよしとしません。繰り返しになりますが、仕事の主体はあくまでも部下本人であり、成長を促すという観点でも「部下にいかに考えさせるか」こそが重要なのです。

部下に考えさせるために必須なのが、傾聴のスキルです。通常、「傾聴」というときにみなさんがイメージするのは「黙ってじっくり聞く」姿ではないかと思いますが、「アドバイスしたいのをぐっと我慢して黙って聞く」のは傾聴の本質からズレた態度です。大切なのは、部下の考えをしっかり理解するために意思を持って聞くという姿勢であり、そのためには上司が適宜、部下に問いかけをすることも必要になります。特に部下の思考が混沌としているときは、もやを払ってあげるような上手な質問をするスキルが上司には求められます。

ここからは少しテクニカルな話になりますが、本章の最後に、部下の考えをしっかり引き出すための「傾聴の6ステップ」を解説していきたいと思います（図20）。

①姿勢（座り方、視線、動き）

姿勢は、相手の話を聞こうという心構えや、話を聞く準備が整っていることを示すために重要な要素です。姿勢を正し、リラックスして浅めに腰掛け、やや前傾を保ちましょう。目線は相手の目のあたりを中心に見るようにしますが、凝視はしないようにしてください。動きはナチュラルに、自然な動きを無理に止める必要はありません。

リモート環境では姿勢に気を配るのが難しくなりますが、リアルの場で部下と話すときはこれらのポイントを意識するといいでしょう。なお、会議室で机を挟んで対面すると詰問調になる傾向があるので、できれば90度の角度で斜めに向き合いながら話すのがおすすめです。同じ方向を見ながら未来を語る雰囲気が出やすくなります。

②受容（頷き、相槌）

相手に「自分が受け容れてもらっている」という感覚を与えて話しやすい雰囲気をつくるためには、「受け容れている」ということを態度で示す必要があります。首をたてに振って頷いたり、「うん、うん」と声を発して頷いたりしながら相手の話を聞くようにすると、「積極的に聞いてくれているんだ」と感じてもらいやすくなります。

③共感（気持ち、感情の汲み取り）

相手に「自分の気持ちをわかってもらえている」という感覚を持ってもらうためには、共感を示し、相手の感情を汲み取るような反応を示すことが必要です。具体的には、「そうだよね」「わかるわかる」「それってうれしいんだね」「それって嫌だよね」「なるほど」「そう思うんだね」などといった言葉が相手に共感を示しやすいでしょう。

図20

傾聴の6ステップ

「共感」について私が上司力研修で説明すると、多くの方は「なぜ部下の言うことにいちいち共感しなければならないのか」と不満そうな表情を浮かべます。そのときに私がいつも伝えるのは、「共感」することと「同調」することはまったく別の話だということです。

同調とは、相手が言っていることに対して「それがいいね」「その通りだね」などと伝え、自分も同意見であるということ、同じように考えているということを示す行為です。

一方、共感とは「あなたはそう思うんだね」「あなたがそう思っているということを私は理解しました」ということを相手に示す行為です。

共感するとき、上司は別の意見を持っていても構わないわけです（図21）。

④確認（繰り返し、言い換え）

共感の次のステップでは、相手が話している内容や、気持ち・感情などを正しく理解できているかどうかを確認します。具体的には、相手の会話のポイントを復唱（リ

図21

同意と共感について

！

同意と共感の
違い

「この間、支店長が仰った今後に向けた施策ですが、
やはり、●●●●ではなく△△△△だと思うんです。
だから、××××が一番いいと思います」

×同意

「そうだね。
××××が
一番いいね」

○共感

「なるほど、
君はそう
思うんだね」

フレイン）したり相手の発言を別の表現で言い換えたりして「あなたはこういうことを言っているんだね」と尋ね、相手が「そうです」と答えれば認識にズレがないと判断できます（図22）。

⑤理解（要約）

5番目のステップでは、相手が伝えたい内容を短く要約して伝え、正しく理解していることを示します。例えば30分ほどかけていろいろと部下の話を引き出し、共感を示したり確認したりしたあとで、最後に2分くらいで「ここまであなたの話をいろいろ聞かせてもらったけれど、あなたが言いたいのはこういうことだよね」と話を整理してあげるのです。そこで部下が「そうですね」と言ってくれれば、5段階目までは成功したと判断できます。

もちろん、相手の話を正しく理解するというのはなかなか難しいものです。要約したとき、相手から「そうじゃないんですが……」「少し違うんですが……」などと言われることもあるでしょう。そのときも焦る必要はありません。冷静に、「どのあた

図22

確認の例

!

繰り返し

相手の言葉を復唱(リフレイン)

Ⓐ「昨日の会議で出た**今月の売上**の件なんだけど」

Ⓑ「**今月の売上**ですね」

!

言い換え

発言を別の表現で確認する

Ⓐ「今月は、目標金額が厳しいと思っていましたが、
最終的に何とかぎりぎり達成しました」

Ⓑ「**みんな最後まで諦めずに頑張ってくれたんだな**」

りが違うと感じる？」と尋ね、再度要約し直してみましょう。

⑥内省に導く（問いかけ）

傾聴の意味は、最後に「問いかけ」をして本人に考えさせることにこそあると言っても過言ではありません。部下の考えを一通り引き出したら、そこから「あなたは、なぜそう思う？（WHY）」「あなたに、何ができると思う？（WHAT）」「あなたは、どうすればいいと思う？（HOW）」などの質問を重ね、「あなたは何を学習したのか」「あなたはその学習をもとにこれからどんな方向に向かいたいのか」といったことを、さらに掘り下げて考えさせましょう。これこそが、上司に求められる「内省に導く」ということです。

傾聴について考えるとき、私がいつも思い出すのは『泣いた赤鬼』の話です。

人間から怖がられてしまっているけれど人間の友達がほしいと願っている赤鬼。そんな赤鬼のために、友達の青鬼は、自分が悪者になって赤鬼に自分のことをやっつけさせることを考えます。そうすれば、人間は赤鬼のことを自分たちの味方だと思ってくれるだろう――。

友達思いの青鬼の作戦は成功し、赤鬼には人間の友達ができました。そこで青鬼は、自分と赤鬼が友達だということが人間に知られたら赤鬼と人間との関係がこじれてしまうと考え、姿を消してしまうのです。友達の青鬼がいなくなってしまったことを知り、赤鬼は涙を流すのでした。青鬼は、赤鬼のために良かれと思って自ら進んで悪者になり、姿を消してしまっています。しかし赤鬼の本当の願いは、友達である青鬼にこそ、そばにいてもらうことだったのではないでしょうか。

青鬼は赤鬼のためを思って行動しているのに、赤鬼の本当の考え、心からの願いを汲み取れなかったのです。

図23をご覧ください。**事実を把握するというのは難しいもので、部下と上司の間ではすれ違いが起こりがちなものであり、それは「部下のために」と真剣に考える上司であっても同様なのです。**

みなさんは、気づかないうちに「青鬼」になっていないでしょうか。傾聴を始める前に、自分に問いかけてみてください。

図23

現状把握の質問について

!

事実の把握と
思いこみ

部下「今、仕事が忙しくて残業続きで……」

×

思い込み

「少し仕事を
減らそうか」

○

事実の把握

「今、どんな仕事が
たて込んでいるか
教えてくれる?」

おわりに

本物の上司力を発揮して、働きがいをつかもう

部下を育て組織を活かすストーリーを意識しよう

本物の「上司力」。最後まで読み終えていただき、有難うございます。いかがだったでしょうか。どのように部下とコミュニケーションをとり、やる気を引き出し、チームを動かし成果を目指していくべきか。私がたどりついたマネジメントの極意である本物の「上司力」を身につける5ステップを学べたはずです。

大切なのは、ストーリーとして取り組むことです。最後まで読み終えたあなたならわかるはずですが、一回の面談でコーチング技術を使えば指示待ち部下がみるみる自律的に働く部下に変わったり、アンガーマネジメントを体得したから風通しのよいチームに激変するわけではありません。

それら素晴らしいテクニックも部一人ひとりとの相互理解に始まり、節目の評価に納得してもらうまでの大きなストーリーの中でうまく使わない限り機能しないものなのです。

研修はあくまで作戦会議。本番は現場で

何より大切なのは、このストーリーを自分なりに租借しアレンジしながら実践することです。現在のあなたは私が四半世紀かけて磨いてきた本物の「上司力」の知識を得たわけです。当たり前ですが、その知識を現場で実践しないことにはまったく意味がありません。私が尊敬する一代で世界に広がる飲食チェーン店を築き上げた名経営者は、こう教えてくれました。

「どれだけ新鮮でおいしい食材を仕入れたとしても、ずっと冷蔵庫に入れっぱなしでは賞味期限が過ぎて腐ってしまう。旬のうちに調理してお客様によりおいしく食べて頂く工夫こそが大切だ」

食材は知識であり、調理は実践なのです。マネジメント層向けの「上司力研修」を

受講される管理職のみなさんにもよくお話しするのですが、研修はあくまで作戦会議の場であって、本番は現場に戻ってからだということです。

上司としての自分、部下一人ひとり、チームの状態を考えると、ステップ1からステップ5までのうち、特にどこに力を入れたほうがよいのか、しっかり考えながら実践してください。最初は思ったような手応えが得られないかもしれません。その際は、もう一度本書の該当部分を読み返し、軌道修正も試みてください。うまくいったならば、それをさらに加速するために工夫を凝らしてください。こうした試行錯誤の積み重ねの先に、本を読んだ知識だけではなく、あなたならではの知恵が育まれていくことでしょう。

上司部下の関係は一時期でも、影響は生涯続く

長年働いてきたあなたは上司であるとともに、部下としてもたくさんの上司のもとで働いてきたことでしょう。これまでを思い返すと、そりが合わなかった上司、手柄を取られた上司、はしごを外された上司など苦手だった人とともに、お世話になった

上司、守ってくれた上司、人生の転機をくれた上司など恩を感じる人もいるはずです。

人事異動や組織変更、転職などもあるため、一生同じ上司のもとで働くことはまずありません。しかし、たとえ上司部下の関係が短い期間であったとしても、部下にとっては自分の生涯のキャリアに影響を及ぼすことがあるのも上司なのです。それは、よい意味であっても、悪い意味であっても。

であるならば、あなたには一人でも多くの部下によい影響を与えられる上司になってほしいと願います。それは部下のためでもありますが、それ以上に上司であるあなたのためだからです。上司にとっての働きがいとは、部下の成長や活躍を支援し部下がよいほうに変わる瞬間に立ち会える喜びです。本書で学んだ本物の「上司力」を自分のものにしたならば、この働きがいを必ず得られるはずです。

悩みを乗り越えた分だけ、本物の上司になれる

これまで私たちは数えきれないほどのマネジメント層の支援をしてきたから断言できます。部下のマネジメントに悩み葛藤しているのはあなただけではありません。ま

た、あなた以上に部下もあなたとの関係構築に悩んでいます。でも、そうした悩みがあるからこそ、本物の「上司力」の発揮のしがいがあるのです。

本書の中では、繰り返し「上司だから人間的に偉いわけではない」「上司は役割にすぎない」と話してきました。だから肩の力を抜いてマネジメントに向かえるはずです。しかも本物の「上司力」という道具もあなたは手に入れました。だから何からどう始めればよいかもわかっているはずです。あとは、行動あるのみ。その積み重ねの先のあなたは、どんな部下を受け持ってもどんなチームを任されても動じない、自信にみなぎった本物の上司へと成長しているはずです。

株式会社ＦｅｅｌＷｏｒｋｓ代表取締役／青山学院大学兼任講師
前川　孝雄

【著者が代表を務める人材育成コンサルティング企業について】

株式会社FeelWorks

https://www.feelworks.jp/

●事業内容：

『日本の上司を元気にする』をビジョンに掲げ、独自の「コミュニケーション・サイクル理論」をもとに、2008年の創業以来、大手企業を中心に400社以上の人材育成などを支援している。』

●主なサービス：

【集合研修・講演】【オンライン研修・セミナー】

・トップの上司力
・現場の上司力
・上司力基礎実践シリーズ
　❶上司と部下の「相互理解」を深める　傾聴力研修
　❷部下の役割を定め、期待を伝え、「動機形成」を図る面談力研修
　❸職場の一体感を高め、「協働意識」を醸成するチームビルディング研修
　❹部下の提案を引き出し、「切磋琢磨」しあうチームを作るファシリテーション研修
　❺部下の「評価納得」を得て、さらなる成長を後押しするフィードバック研修
・50代からの働き方
・プロフェッショナルマインド（中堅層のリーダーシップ）
・キャリアコンパス（新入社員・若手社員のキャリアデザイン）
・リテンション（早期離職防止）
・社会人の基本と仕事の進め方

【Eラーニング・通信講座】

・上司と部下が一緒に考える「パワハラ予防講座」
・映像教材「新入社員の働く心得」
・ＯＪＴ実践コース
　❶基礎編 ❷実践編
・フレッシュマンへの贈り物
・周囲を巻き込む相談の極意！
・ホップ・ステップ・リーダーシップ
・多様さのマネジメント

【パーソナルコーチング】

・経営層・経営幹部・管理職向けエグゼクティブコーチング
・個人向けキャリアコーチング

【社内報・マニュアル制作】

●グループ企業

株式会社　働きがい創造研究所

※この本のご感想、研修・コンサルティングなどのご依頼、お問い合わせは

info@feelworks.jp

本物《ほんもの》の「上司力《じょうしりょく》」

「役割」に徹すればマネジメントはうまくいく

2020年10月31日　初版発行

著　者……前川孝雄《まえかわたかお》

発行者……大和謙二

発行所……株式会社大和出版

東京都文京区音羽1-26-11　〒112-0013

電話　営業部03-5978-8121／編集部03-5978-8131

http://www.daiwashuppan.com

印刷所……誠宏印刷株式会社

製本所……ナショナル製本協同組合

装幀者……大場君人

ISBN978-4-8047-1869-9

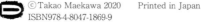